Erfurt

Ulrich Seidel

Inhalt

Das Beste zu Beginn
S. 4

Das ist Erfurt
S. 6

Erfurt in Zahlen
S. 8

Was ist wo?
S. 10

Augenblicke
Die Seele baumeln lassen
S. 12
Stattliche Fassaden
S. 14
Jüdisches Erbe
S. 16

Ihr Erfurt-Kompass
15 Wege zum direkten Eintauchen in die Stadt
S. 18

 Machtzentrum – **auf dem Fischmarkt**
S. 20

 Lebendiges Denkmal – **die Krämerbrücke**
S. 24

 Juden in Erfurt – **Alte Synagoge und jüdisches Viertel**
S. 27

 Sei schlau, mach blau – **Kulturhof Krönbacken**
S. 31

 Eliteuniversität des Mittelalters – **Collegium maius**
S. 34

 Auf einen Schluck – **die Biereigenhöfe der Stadt**
S. 37

 Auf dem Domberg – **Dom St. Marien und Severikirche**
S. 41

Im Wandel – **Domplatz und Brühl**
S. 45

 Barocke Kurven – **die Zitadelle Petersberg**
S. 48

 Was vom Verrate übrig blieb – **Spuren der Stasi**
S. 52

 Auf Luthers Spuren – **rund um das Augustinerkloster**
S. 57

 Geschichte hautnah – **das Stadtmuseum Erfurt**
S. 61

 Historisch Bummeln – **der Anger**
S. 64

 Erfurt ›erfahren‹ – **mit dem Fahrrad entlang der Gera**
S. 69

 Der Garten Thüringens – **egapark**
S. 74

Erfurter Museumslandschaft
S. 78

Aussichtsreich! Erfurt von oben
S. 81

Gotteshäuser und sakrale Kunst
S. 82

Pause. Einfach mal abschalten
S. 84

 In fremden Betten
S. 86

 Satt & glücklich
S. 90

 Stöbern & entdecken
S. 98

 Wenn die Nacht beginnt
S. 104

Hin & weg
S. 110

O-Ton Erfurt
S. 114

Register
S. 115

Abbildungsnachweis/Impressum
S. 119

Kennen Sie die?
S. 120

Das Beste zu Beginn

Willy Brandt lässt grüßen
Erreichen Sie Erfurt mit dem Zug, begrüßt Sie gleich am Bahnhof (🗺 K 5) die deutsch-deutsche Geschichte: Gegenüber sehen Sie das einstige Hotel »Erfurter Hof«, in dem sich Willy Brandt und Willi Stoph 1970 zu Gesprächen trafen. Über dem Dach ist Volkes Stimme zu lesen, denn die Erfurter skandierten seinerzeit »Willy Brandt ans Fenster!«.

Brückenschlag
Auf der 125 m langen Krämerbrücke (▶ S. 24) finden Sie Lädchen, die Nützliches und Schönes anbieten. Sie wird Ihnen vorkommen wie eine ›normale‹ Gasse, doch der Schein trügt, es ist wirklich eine Brücke. In Nr. 31 können Sie auch einen Blick hinter die Fassade werfen und sehen, wie die Krämer einst wohnten.

Sound of Erfurt
Kennen Sie Thomas Hübner? Nein? Und Clueso? Ach der! Der in Erfurt geborene Musiker wollte eigentlich Friseur werden. Zum Glück hat er sich das anders überlegt – wie jede Menge Hits beweisen (www.clueso.de). Clueso produzierte jahrelang im Kreativzentrum Zughafen (www.zughafen.de).

Das Original
Die Thüringer Bratwurst können Sie an vielen Stellen in der Stadt genießen. Frisch vom Rost ist es ein Vergnügen, hineinzubeißen. An jedem Stand schmecken sie ein bisschen anders, da jeder Fleischer seine eigene Rezeptur hat. Doch lecker sind sie alle. Mein Lieblingsbratwurststand: an der Schlösserbrücke (🗺 Karte 2, D 3).

Was fürs Auge
Auf dem Anger (▶ S. 64), der Haupteinkaufsstraße Erfurts, finden Sie hinter wunderschönen Fassaden aus den Zeiten des Barock, Historismus und des Jugendstils nicht nur zahlreiche Geschäfte, sondern auch das Angermuseum, das Kunstmuseum der Landeshauptstadt mit einer bedeutenden Gemäldesammlung.

Das Beste zu Beginn

Surf mal vorbei
Ihre Wahlheimat zu erkunden, macht Jessi so viel Spaß, dass sie andere auf ihrem Blog http://feels-like-erfurt.de daran teilhaben lässt. Sie stellt Orte vor, trifft Menschen aus der Kreativszene, gibt Veranstaltungstipps, testet Kneipenspielchen – und postet natürlich auch jede Menge Bilder. Erster Eindruck? Garantiert!

Erfurt kompakt
Meine ganz persönliche und liebste Stadtführung, weil ich nicht so viel laufen muss: 4 x 8 m: einmal herum um die Spielkabine des Carillons, die ganze Stadt mit ihrer über 1275-jährigen Geschichte zu Füßen. Martin Luther war hier – nicht nur in der Stadt, sondern auch im Bartholomäusturm (▶ S. 81) –, Könige und Kaiser hielten Hof, und unzählige Größen aus früheren Zeiten weilten in Erfurt. Natürlich besuchen auch Promis unserer Tage die Stadt. Sie sind ja schließlich auch nach Erfurt gereist. (Führungen zum Carillon können unter T 0361 74 78 98 27 vereinbart werden.)

Türmereiches Erfurt
So nannte man die Stadt im Mittelalter: »Erfordia turrita«. Einmal im Jahr, um Ostern herum, feiern die Erfurter den ›Turmtag‹ und erklettern die Türme ihrer Stadt. Näheres auf www.erfordia-turrita.de.

Silhouette deluxe
Kommen Sie aus Richtung Osten von der Autobahn in die Stadt, kann zumindest der Beifahrer einen grandiosen Blick auf die Stadtsilhouette genießen. Viel Zeit bleibt aber nicht, diesen Anblick zu erhaschen!

Sollten Sie gerade am Anger am Bartholomäusturm vorbeiflanieren und ungewöhnliche Glockenklänge aus der Höhe herab vernehmen, dann bin wahrscheinlich ich dafür verantwortlich – kommen Sie doch einfach hoch!

Fragen? Erfahrungen? Ideen?
Ich freue mich auf Post.

Mein Postfach bei DuMont:
seidel@dumontreise.de

Das ist Erfurt

An vielen Stellen ist Erfurt eine quirlige Großstadt und nur eine Straßenecke weiter scheint es eine beschauliche Kleinstadt zu sein, belebte Plätze wechseln mit ruhigen Parks. Erfurt ist groß genug, um jeden Tag neue Leute kennenzulernen und klein genug, Freunde einfach zufällig zu treffen. Fragen Sie den Einen, dann bekommen Sie zur Antwort: »ganz sicher eine Großstadt!«. Fragen Sie den Anderen: »eine Provinzstadt!« Aber auf jeden Fall sagt Ihnen jeder eingefleischte Erfurter: »Erford fedsd!« (Lesen Sie es laut, dann erschließt sich der Sinn leichter).

Im Mittelalter auf jeden Fall Großstadt!
Erfurt gehörte Anfang des 16. Jh. mit fast 19 000 Einwohnern zu den zehn größten Städten des Heiligen Römischen Reiches Deutscher Nation. Die Kirchen von elf Klöstern, 21 Pfarrkirchen und vier Stiftskirchen bestimmten das Stadtbild. Alle damals bestehenden Bettelmönchsorden und weitere Klöster siedelten sich in der Stadt an. Die Stadt mit Messeprivileg war für ihren Wohlstand bekannt. Heute sind im Innenstadtgebiet sieben evangelische und acht katholische Kirchen zu sehen. Von fünf Kirchen sind nur noch die Türme erhalten. Einige davon können nach Voranmeldung besichtigt werden, so z. B. der Bartholomäusturm am Anger.

Panta rhei – alles fließt
… und in Erfurt fließt die Gera. Am Papierwehr, südwestlich der Stadt, wird die Gera geteilt und fließt durch das Stadtgebiet im Flutgraben, dem Walkstrom und dem Bergstrom – allesamt von Menschenhand geformt. Am Predigerkloster vereinen sich Walkstrom und Bergstrom zum Breitstrom, der wiederum in der Nähe des Talknotens mit dem Flutgraben zusammenfließt um dann, nun wieder Gera genannt, etwa 20 km nördlich der Stadt bei Gebesee in die Unstrut zu münden. Ungefähr 150 Brücken überspannen im Stadtgebiet die Wasser der Gera, die älteste ist die Lehmannsbrücke im Verlauf der Augustinerstraße. Sie wurde bereits 1108 erwähnt.

Gotik und Renaissance zum Anfassen!
Es gibt nur wenige Spuren der Romanik in Erfurt, denn der große Brand von 1472 fraß fast die Hälfte der Stadt. Als Hilfsmaßnahme genehmigte Kaiser Friedrich III. einen Trinitatismarkt und zum Wiederaufbau der Kirchen gewährte Papst Sixtus IV. einen Ablass – das entsprechende Dokument wurde 1473 in Erfurt nach Gutenbergs Art mit beweglichen Lettern gedruckt. In Mitteldeutschland ist Erfurt die älteste Druckerstadt und nach Nürnberg, Straßburg, Köln, Basel und Augsburg der wichtigste deutsche Druckort. Adam Ries' Buch »Vom Rechnen auf den Linien« wurde in Erfurt gedruckt und auch Eulenspiegels Geschichten fanden hier einen Drucker.

Lutherstadt
1501 kam Martin Luther nach Erfurt, um dem Willen seines Vaters folgend Jura zu studieren. »Die Erfurter Universität«, so sagte Luther selbst, »ist

Das ist Erfurt

In Erfurt verliebt – das kann jedem passieren!

meine Mutter, der ich alles verdanke«. Doch nicht nur an der Universität hinterließ Luther seine Spuren. Augustinerkloster, Dom St. Marien, Michaeliskirche, Kaufmannskirche, die Georgenburse, die Barfüßerkirche und auch der Bartholomäusturm am Anger sind Lutherorte in Erfurt, die Sie im Jubiläumsjahr der Reformation und natürlich auch danach besuchen können. Luthers Reformgedanken fanden in Erfurt viele offene Ohren: Ab 1520 setzte sich die Reformation in der Stadt durch.

Eine Dynastie gibt den Ton an

Johann Bach, der Großonkel Johann Sebastian Bachs, eröffnete die lange Reihe der Erfurter Stadtmusikanten aus der Familie, die so lange das musikalische Leben prägte. Ab 1635 wirkte er als Stadtmusikus und unter anderem als Organist an der Predigerkirche. Auch seinen Bruder Christoph Bach führte es 1642 nach Erfurt. Dessen Sohn Johann Ambrosius Bach, Johann Sebastians Vater, wurde in Erfurt geboren und heiratete 1668 die Kürschnerstochter Elisabeth Lämmerhirt in der Kaufmannskirche. Johann Sebastian Bach selbst war mehrmals bei Familienfesten in Erfurt und nachweislich begutachtete er die Orgel in der Augustinerkirche. Noch am Ende des 18. Jh. nannte man die städtischen Musiker schlicht »Bache« – Musik und Bach gehör(t)en in Erfurt einfach zusammen.

Viele Häuser – viele Namen

Bis zum Ende des 17. Jh. hatten alle Häuser in Erfurt Eigennamen – frei nach der Fantasie ihrer Eigentümer: So gab es das »Haus zu den drei nackichten Kindern« auf der Krämerbrücke oder »Zu den drei kleinen Füchsen« am Dämmchen. Weil das Lesen im Mittelalter eine nicht gerade weit verbreitete Kunst war, hatten die Häuser außerdem ein gut sichtbares Hauszeichen. Eine goldene Krone, einen roten Ochsen, eine güldene Kanne oder einen Stockfisch erkannte jeder. 1826 wurden alle Grundstücke durchnummeriert.

Erfurt in Zahlen

3,5
Eimer – oder 257,04 l – Bier tranken die Erfurter im Mittelalter. Heute sind es im Schnitt 167 l pro Jahr, Tendenz fallend.

11
% der Erfurter sind mit dem Rad unterwegs. Da ist noch ordentlich Luft bis zur Fahrradstadt Münster, wo 40 % der Verkehrsteilnehmer den Drahtesel bemühen.

14
Auf diesen Rang schaffte es die Erfurter Altstadt mit Dom, Severikirche und Krämerbrücke 2016 in den »TOP 20 Sehenswürdigkeiten in Deutschland«. Und war damit noch vor dem Brandenburger Tor in Berlin auf Platz 15.

44,2
Jahre alt ist im Durchschnitt der Erfurter Bürger. Damit liegt die thüringische Landeshauptstadt unter dem deutschen Schnitt von 45 Jahren.

60
Glocken besitzt das Carillon im Bartholomäusturm. Damit ist es eines der größten in Deutschland: Das im Roten Turm in Haale bringt 76 Glocken zum Klingen. In Erfurt wird übrigens drei Mal am Tag gespielt.

150
Brücken sind es ungefähr, die in der Stadt Flussläufe überspannen – nicht ganz so viele wie in Venedig (417).

270
km² hat Erfurt zu bieten – und ist damit sogar größer als Frankfurt am Main mit 248 km².

784
Einwohner tummeln sich auf Erfurter Boden pro Quadratkilometer. Die Erfurter haben also fast doppelt so viel Platz wie die Oldenburger, wo es 1591 Einwohner pro Quadratkilometer sind.

2046
Kinder wurden 2015 in Erfurt geboren.

809 306
Übernachtungen in Hotels und Pensionen zählte die Statistik für 2016

47 466

Menschen kommen täglich aus anderen Orten nach Erfurt zur Arbeit, 21 267 fahren hingegen von Erfurt in eine andere Stadt, um ihre Brötchen zu verdienen.

48 250 000

Millionen Fahrgäste verzeichneten die Erfurter Stadtbahnen im Jahr 2015. Setzt man das in Relation zur Anzahl der Stadtbahnen, nutzen in Erfurt sogar mehr Menschen dieses öffentliche Verkehrsmittel als in Frankfurt am Main.

476 881

Besucher zählte der egapark im Jahr 2016. Im Berliner Botanischen Garten waren es im Jahr 2014 nicht einmal 300 000.

Was ist wo?

Wer von Osten her, von der Autobahn A 4, auf die Stadt zufährt, der sieht Erfurt buchstäblich vor sich ausgebreitet. Ich liebe diesen Augenblick, wenn ich aus der Ferne in meine Stadt zurückkehre und mit dem Auto den Haarberg hinabrolle. Von Weitem schon grüßen mich Dom und Severikirche, und die Hochhäuser in der Innenstadt – nun ja, welche Stadt hat nicht ihre Bausünden?

Stöpsel im Thüringer Becken
Die größte Stadt Thüringens liegt im Tal der Gera, die im Thüringer Wald bei Gräfenroda und Geraberg entspringt und etwa 20 km nördlich von Erfurt bei Gebesee in die Unstrut mündet. Inmitten einer flachen Landschaft ruht die Stadt eingebettet zwischen dem Höhenzug des Steigerwaldes und den Erhebungen im Norden, ist sozusagen der Stöpsel im Thüringer Becken.
Die Innenstadt Erfurts erstreckt sich entlang der drei Flussläufe der Gera: Bergstrom, Walkstrom und Flutgraben, die in weitem Bogen von Westen nach Norden die Stadt durchfließen. Begrenzt wird der Innenstadtbereich im Süden und Osten vom Flutgraben, von den Erfurtern liebevoll ›Flunscher‹ genannt, der seit etwa 120 Jahren die Stadt vor Hochwasser schützt. Parallel dazu verläuft der Juri-Gagarin-Ring, dessen – wie der Name schon sagt – ringförmige Anlage zu weiten Teilen der Markierung der ältesten Stadtbefestigung entspricht. Einige Reste dieser Stadtmauer aus dem 12. Jh. sind noch heute zu sehen. Der Juri-Gagarin-Ring bildet im Süden und Osten die Grenze der Altstadt.
Wenn ich einerseits von Innenstadt und andererseits von Altstadt spreche, dann sind das durchaus zwei verschiedene Bereiche. Im Norden bildet die Blumenstraße die Grenze der Altstadt, im Westen die Biereyestraße hinter der Festung Petersberg. Im Süden und Osten ist der Juri-Gagarin-Ring die Grenze der Alttadt. Alle in diesem Büchlein beschriebenen Sehenswürdigkeiten liegen in diesem Bereich. Sie bewegen sich in der historischen Altstadt, wenn die Straßenschilder die Namen mit weißer Schrift auf rotem Grund bekannt geben.

Rund um den Domplatz
Im Westen der Altstadt finden Sie das markanteste Bauensemble Erfurts, den **Dom St. Marien** (Karte 2, B 3) und die **Severikirche** (Karte 2, B 3). Der fast 4 ha große **Domplatz** (Karte 2, B/C 2/3) wird im Norden begrenzt vom Landgericht Erfurt, ein Gebäude aus dem 19. Jh., im Osten von Wohn- und Geschäftshäusern aus der Wende vom 19. zum 20. Jh. sowie kleinen Fachwerkhäusern, in denen zahlreiche Läden und Gaststätten auf Kundschaft warten. Im Süden begrenzen den Domplatz zwei historisch bedeutsame Gebäude: die **Grüne Apotheke** und eines der ältesten Gasthäuser Europas, der **Gasthof Hohe Lilie** (1341 erstmals erwähnt). Hier logierte Martin Luther 1522 unter dem Namen Junker Jörg und auch König Gustav II. Adolf von Schweden gehörte 1632 zu den Gästen dieses Hauses. Gleich westlich des Domplatzes schlägt im Stadtviertel **Brühl** (F/G 5/6) mit dem **Theater Erfurt** das kulturelle Herz der Stadt. Entspannung verspricht ein Spaziergang im **Brühler Garten,** nicht weit entfernt vom Theater. Auf dem Hügel nordwestlich des Dombergs erhebt sich die **Zitadelle Petersberg** (G/H 3/4).

Fischmarkt und Krämerbrücke
Im Zentrum der Altstadt locken Fischmarkt und Krämerbrücke als

Was ist wo?

Hauptattraktionen. Der **Fischmarkt** (Karte 2, D 2/3) trägt zurecht diesen Namen, denn hier wurde einst mit in der Gera gefangenem Fisch gehandelt. Aber auch Meeresfische aus Nord- und Ostsee wurden angeboten. Zudem war der Platz, an dem seit dem 13. Jh. ein **Rathaus** steht, Gerichtsplatz. Umsäumt wird er von zahlreichen Gebäuden aus der Renaissance. Vom Fischmarkt aus erreichen Sie schnell die **Alte Synagoge** (Karte 2, D 2) und die **Krämerbrücke** (Karte 2, D 2) sowie weiter nördlich das ›lateinische Viertel‹ rund um die Michaelisstraße, so genannt, weil hier die **Alte Erfurter Universität** (Karte 2, C/D 2) angesiedelt war, deren Professoren und Studenten die lateinische Sprache bevorzugten. Vielleicht ist es ein Widerhall des mittelalterlichen studentischen Lebensstils, dass in diesem Bereich auch heute noch mehr Kneipen zu finden sind, als anderswo in Erfurt. Auch das **Augustinerkloster** (Karte 2, D 1), Wirkungsstätte des Reformators Martin Luther ist im lateinischen Viertel zu finden.

Von Osten nach Süden: der Anger
Von Osten nach Süden führt der **Anger** (J/K 4/5) quer durch die Altstadt. Der Anger ist die Haupteinkaufsstraße Erfurts. Bereits vor ihrer ersten Erwähnung 1196 wurde hier Handel getrieben. Der Anger war der einzige Platz, an dem im Mittelalter Rohwaid (▶ S. 33) verkauft werden durfte. Ein verheerendes Feuer zerstörte 1660 viele Gebäude. Nur wenige Bauwerke, das **Ursulinenkloster,** die **Kaufmannskirche,** der **Bartholomäusturm** (Gotik) und das **Haus Dacheröden** (Renaissance) überstanden diesen Brand unbeschadet.
Im Barock wurden das heutigen **Angermuseum** und das Haus Anger 27/28 (Buchhandlung Peterknecht) errichtet. Die überwiegende Zahl der Wohn- und Geschäftshäuser stammen aus dem späten 19. und frühen 20. Jh. Zwei Gebäude am Anger zählen zur Stilepoche der Neuen Sachlichkeit, die oft mit dem Bauhaus-Stil verwechselt wird: das Sparkassengebäude (Anger 25) und das Haus Neuwerkstraße 2/Ecke Schafgasse am Westende des Angers.

Augenblicke

Die Seele baumeln lassen

Eine Stadt erkunden ist auch in Erfurt anstrengend. Da verdient man sich wirklich mal eine Auszeit, kühlt die heißgelaufenen Sohlen im klaren Wasser der Gera und lässt nicht nur die Beine, sondern eben auch die Seele baumeln. Der beste Ort dazu ist die Terrasse nördlich der Krämerbrücke. Dort kann man sich auf Sitzgelegenheiten direkt am Ufer des Flusses niederlassen. Den grandiosen Blick auf die fast 700 Jahre alte Brücke gibt's kostenlos dazu.

Stattliche Fassaden

Gehen Sie erhobenen Hauptes und mit offenen Augen durch die Straßen, werden Sie belohnt mit sehr vielen, zum Teil skurrilen Verzierungen an den Fassaden der Bürgerhäuser der Altstadt: ob keifende Weiber (Lange Brücke Nr. 18), Eulennester (Juri-Gagarin-Ring 92) oder allegorische Darstellungen der fünf menschlichen Sinne (Fischmarkt, Haus zum breiten Herd). Neben dem Fassadenschmuck verdienen auch die Hauszeichen Beachtung, die mit dem Hausnamen eng verbunden sind und aus dem Mittelalter überliefert wurden.

Jüdisches Erbe

Auf dem Weg zum UNESCO-Welterbe: Im Mittelalter gab es eine prosperierende jüdische Gemeinde, die in einem Pogrom 1349 vollständig ausgelöscht wurde. Sachzeugnisse des vorherigen friedlichen Zusammenlebens von Christen und Juden in Erfurt werden im Museum Alte Synagoge präsentiert. Die Alte Synagoge (Baubeginn um 1090) gilt als die älteste vom Keller bis zum Dach erhalten gebliebene Synagoge Europas.

Ihr Erfurt-Kompass

#2
Lebendiges Denkmal – **die Krämerbrücke**

#3
Juden in Erfurt – **Alte Synagoge und jüdisches Viertel**

Die wohl beste Schokolade in Erfurt

AUF DEM WEG ZUM WELTKULTURERBE!

#1
Machtzentrum – **auf dem Fischmarkt**

RENAISSANCE, **NEUGOTIK** und NEUE SACHLICHKEIT – passt das zusammen?

WOMIT FANGE ICH AN?

Pause machen im Grünen

#15
Der Garten Thüringens – **egapark**

IN DEN SATTEL UND LOS!

500 m kompakte Historie

AN JEDER ECKE EINE GESCHICHTE

#14
Erfurt ›erfahren‹ – **mit dem Fahrrad entlang der Gera**

#13
Historisch bummeln – **der Anger**

#12
Geschichte hautnah – **das Stadtmuseum Erfurt**

15 Wege zum direkten Eintauchen in die Stadt

#4 Sei schlau, mach blau – **Kulturhof Krönbacken**

#5 Eliteuniversität des Mittelalters – **Collegium maius**

ALS ERFURT ZUM HIMMEL STANK

Wo **Luther** und **Gutenberg** im HÖRSAAL schwitzten

Wohl bekomm's!

#6 Auf einen Schluck – **die Biereigenhöfe der Stadt**

GEISTIGE NAHRUNG

#7 Auf dem Domberg – **Dom St. Marien und Severikirche**

KULTUR STATT INDUSTRIE

#8 Im Wandel – **Domplatz und Brühl**

Mönchische Ruhe war einmal

Wo Vasen große Ohren bekamen

EIN GEWITTER MIT FOLGEN

#9 Barocke Kurven – **die Zitadelle Petersberg**

#11 Auf Luthers Spuren – **rund um das Augustinerkloster**

#10 Was vom Verrate übrig blieb – **Spuren der Stasi**

#1

Machtzentrum – **auf dem Fischmarkt**

Er hat sich ordentlich herausgeputzt: Rund um den Erfurter Fischmarkt reihen sich prächtige Renaissancebauten, die auch heute noch Eindruck machen. Schon im Mittelalter liefen hier die Fäden der Macht und der städtischen Unabhängigkeit zusammen. Das politische Zentrum der Stadt ist der Fischmarkt auch heute noch.

Der Fischmarkt ist ein beliebter Treffpunkt: Ganz nach dem Motto ›Sehen und Gesehenwerden‹ laufen Ihnen hier eventuell auch einige ›Promis‹ der Erfurter Stadtoberen über den Weg – denn im Rathaus wird immer noch Politik gemacht.

Wer also hier das **Rathaus** 1 Erfurts vermutet, liegt goldrichtig: Der neogotische Bau wurde zwischen 1870 und 1875 errichtet. Der Entwurf des Gebäudes geht auf Theodor Sommer zurück. Vom romanischen Vorgängerbau an gleicher Stelle, der 1275 erstmals schriftlich erwähnt wurde und ab 1830 wegen Baufälligkeit abgerissen wurde, blieb nichts erhalten. Im Stadtmuseum Erfurt (▶ S. 61) ist jedoch ein Modell des al-

Fischmarkt #1

ten Rathauses zu bewundern. Das Rathaus war Versammlungsort der reichen Händler, die spätestens ab 1250 Einfluss auf die politischen Entscheidungen für die Stadt nahmen.

Im Treppenhaus und in den Fluren des Gebäudes finden sich zahlreiche Gemälde von Eduard Kaempffer (1859–1926), die Themen aus der Thüringer Sagenwelt aufgreifen sowie Lebensstationen des berühmtesten Studenten der Alten Erfurter Universität, Martin Luther, zeigen. Die Gemälde im Festsaal des Rathauses lassen Szenen aus der Erfurter Stadtgeschichte lebendig werden und stammen von Peter Janssen (1844–1908). Wenn im Rathaus nicht gerade eine Veranstaltung stattfindet, kann man es besichtigen.

Eine Stadt wirft sich in Pose

Das **Haus zum Roten Ochsen** 3 (Fischmarkt Nr. 7), ein Renaissancebau von 1562, besticht mit seinem reichen Fassadenschmuck. Der Blick fällt auf das zentrale Hauszeichen, den roten Ochsen. Nach links flankieren die Wochentage nach der ptolemäischen Kosmologie das Hauszeichen, rechts befinden sich Musen der griechischen Mythologie. Einst wohnte hier der Ratsherr und Waidhändler Jakob Naffzer, der auch das Recht besaß, Bier für den Verkauf zu brauen. Heute ist im Haus zum Roten Ochsen die **Kunsthalle Erfurt** beheimatet, die mit wechselnden Ausstellungen moderner Kunst viele Besucher anzieht.

Links neben dem Haus zum Roten Ochsen liegt das **Haus zur Güldenen Krone** 4 (Fischmarkt Nr. 6), dessen älteste Bauteile ins 15. Jh. datieren. Thurn und Taxis unterhielten hier zu späteren Zeiten eine Niederlassung ihrer Postunternehmung.

Der **Ratskeller** schließt sich an dieses Gebäude an. Bis zum Anfang des 15. Jh. ein Beginenhof, ging das Gebäude 1477 in Ratsbesitz über und war fortan Gasthaus. Hier wurden die wirklich wichtigen Entscheidungen getroffen und Verträge ausgehandelt! Wegen ausbleibender Gäste hat es jedoch inzwischen seine Pforten geschlossen. Dennoch kann man Teile der historischen Bausubstanz entdecken, denn im Erdgeschoss sind noch die uralten Mauern des Ratskellers zu sehen.

Noch reicher verziert als das Haus zum Roten Ochsen zeigt sich die Fassade des **Hauses zum**

Rom an der Gera? Ja, man darf sich etwas wundern, was der Erfurter Römer 2, der in voller Kriegsausrüstung auf dem Sockel in der Mitte des Platzes steht, dort macht. Er blickt in Richtung Rathausfestsaal, als wolle er den Erfurter Stadtrat mahnen, die Unabhängigkeit der Stadt zu wahren. Die Stadtoberen versuchten seit dem frühen 13. Jh., sich vom Stadtherrn, dem Mainzer Kurfürsten und Erzbischof, zu emanzipieren. Mit dem Erwerb des Reichslehens Kapellendorf war ein großer Schritt in Richtung Reichsunmittelbarkeit getan. Damit verbunden gab auch das Recht, eigene Münzen zu prägen. Doch letztlich blieb die Reichsunmittelbarkeit unerreicht. Seit 1448 gab es auf dem Fischmarkt ein Standbild des hl. Martin, des Schutzpatrons Erfurts. 1525 wurde dieses Standbild bei einer Erhebung gegen Kurmainz zerstört. 1591 schuf Israel von der Milla die heutige Statue, die mehrfach ihren Standort wechselte.

#1 Fischmarkt

INFOS/ÖFFNUNGSZEITEN

Rathaus 1: Fischmarkt 1, www.erfurt.de, Mo–Do 8–18, Fr 8–14, Sa, So, Fei 10–17 Uhr. Auf Anfrage (T 0361 65 50) erhalten Sie eine fachkundige Führung durch die Räumlichkeiten.

Kunsthalle 3: Fischmarkt 7, T 0361 655 56 60, www.kunstmuseen.erfurt.de, Di–So 11–18, Do 11–22 Uhr, Erw. 6 €, erm. 4 €, jeden ersten Di im Monat freier Eintritt

KULINARISCHES FÜR ZWISCHENDRIN

Rund um den Fischmarkt laden Lokale zu einer Pause ein: **Fam-Café** 1 (Fischmarkt 19, T 0361 601 27 33, www.fam-erfurt.de, Di–So ab 10 Uhr), **Fellini** 2 (Fischmarkt 3, T 0361 642 13 75, www.fellini-erfurt.de, tgl. 11–23 Uhr) oder **SiJu** 3 (Fischmarkt 1, T 0361 655 22 95, www.si-ju-erfurt.de, Mo–Fr ab 11, Sa ab 9 Uhr). Alle Wirte stellen in der warmen Jahreszeit Stühle und Tische vor ihre Lokale – so kann man das Flair genießen.

Cityplan: Karte 2, D2/3 | Stadtbahn: 3, 4, 6 (Fischmarkt/Rathaus)

HISTORIE

Auf dem 1293 erstmals urkundlich erwähnten Fischmarkt wurden in früherer Zeit Waren verkauft – hier verlief die **Handelsstraße Via Regia.** Unter anderem wurde auch Fisch angeboten, was dem Platz schließlich seinen Namen gab.

Breiten Herd 5. Über dem Erdgeschoss sind die fünf menschlichen Sinne dargestellt. Die gesamte Fassade des Hauses, welches 1584 der Ratsmeister und Stadtvogt Heinrich von Denstedt errichten ließ, zeugt von Reichtum und Weltläufigkeit, die der Steinmetz souverän in Szene setzte. Neben Dom und Severikirche sind die Häuser zum Breiten Herd und zum Roten Ochsen die beliebtesten Fotomotive der Stadt.

Rechts neben dem Haus zum Breiten Herd wurde ab 1882 ein neues Gebäude im Neorenaissancestil errichtet. Der Architekt des **Gildehauses** nahm gestalterisch und inhaltlich Bezug auf das prachtvolle Nachbarhaus, mit dem es wie verbunden wirkt.

Kleinod in Bronze

Wer keine Lust auf Lauferei hat, gönnt sich am bronzenen **Stadtmodell** 6 einen Stadtrundgang der besonders kurzen Art: Alle Sehenswürdigkeiten sind hier auf kleinstem Raum zu betrachten. Für Sehbehinderte sind viele Gebäude und Plätze der Stadt mit Braille-Schrift gekennzeichnet.

Ein Beispiel der Architekturphase Neue Sachlichkeit ist mit dem **Sparkassengebäude** 7 an

Fischmarkt #1

der Ecke Rathausgasse verwirklicht worden. Die Neue Sachlichkeit, als Abgrenzung zum Expressionismus, war ein Kunst-, Literatur- und Architekturstil, der von den 1920er-Jahren bis zu den frühen Nachkriegsjahren seine Blütezeit erlebte. Oft wird diese Architektur mit dem Bauhausstil verwechselt.

Das Sparkassengebäude stammt aus den frühen 1930er-Jahren. Besonders bemerkenswert sind die figürlichen Darstellungen von Völlerei, Eitelkeit, Dummheit, Faulheit, Geiz und Neid. Was das allerdings mit der Sparkasse zu tun hat? Ein Schelm, wer Böses dabei denkt...!

Wenn man rechts am Sparkassengebäude vorbeigeht, gelangt man in die Rathausgasse, wo sich einer der wenigen innerstädtischen Parkplätze versteckt. Interessanter ist an dieser Ecke aber die Statue Till Eulenspiegels in der Nähe des **Hauses zum Paradies** 8, und das mittelalterliche Haus selbst natürlich auch.

Große Stadt ganz klein: Das Bronzemodell der Altstadt am Fischmarkt hält für Sehbehinderte auch Informationen in Brailleschrift bereit.

Lebendiges Denkmal – **die Krämerbrücke**

Die perfekte Verbindung von Sightseeing und Shopping – und die wohl beste Schokolade in Erfurt gibt es als Zugabe obendrein. Kunst, Antiquitäten, Schmuck, Münzen – das ist der heute hier angebotene ›Kram‹. Gehandelt wird an dieser Stelle aber schon seit Jahrhunderten. Eine kleine Zeitreise mitten in Erfurt.

Auf der Krämerbrücke eine Pause einzulegen ist keine schlechte Idee. Schließlich gibt es genug zu schauen – das geht auch gut im Sitzen.

Unbestritten das bemerkenswerteste profane Bauwerk Erfurts: die **Krämerbrücke** 1, die einzige mit bewohnten Häusern bebaute Steinbrücke nördlich der Alpen. Die Brücke wurde, nachdem es bereits einige hölzerne Vorgängerbauten gegeben hatte, 1325 in Stein errichtet und führt über die Gera, die in diesem Bereich Breitstrom ge-

nannt wird. Zwei der sechs Sandsteinbögen überspannen die beiden Flussarme des Breitstroms, die anderen führen über Land und ermöglichen so zum Beispiel das Betreten des **Dämmchens** 2, der Insel nördlich der Krämerbrücke. Von dort eröffnet sich ein faszinierender Blick auf die 125 m lange und 25 m breite Brücke.

Ehe die Krämerbrücke ›zu Stein wurde‹, hatten die Krämer an dieser Stelle unter freiem Himmel ihre Verkaufsstände. Erst nach dem großen Stadtbrand von 1472 wurde die Brücke mit 62 schmalen Fachwerkhäusern bebaut, in denen die Krämer auch wohnten. Heute sind es noch 32 an der Zahl, denn im Laufe der Jahrhunderte wurden sie zu größeren zusammengefasst.

Lage ist alles

Die Brücke lag im Verlauf einer der bedeutendsten Handelswege des Mittelalters, der Via Regia. Den Krämern gelang es, eine Art Monopol zu errichten, sie erwirkten vom Rat der Stadt die Zusage, dass nur auf der Brücke mit sogenannten Kramwaren gehandelt werden durfte; die da waren: Gewürze, seidene Bänder, Gold- und Silberwaren.

Die Breite des Weges durch die Häuserflucht lässt erahnen, dass wohl nur Handkarren einst über das Kopfsteinpflaster ratterten. Schwere Fuhrwerke mussten die Furt nördlich der Brücke benutzen, um an das jenseitige Ufer der Gera zu gelangen.

Im **Haus der Stiftungen** 3 (Krämerbrücke 31) können Sie auch einen Blick hinter die Fassaden werfen. Hier erfahren Sie Wissenswertes über Geschichte und Architektur der Krämerbrücke und den Wohnverhältnissen der Krämer. Die Stiftung setzt sich für den Erhalt der Brücke und der auf ihr befindlichen Häuser ein. Sie hat die Aufgabe, neben der Nutzung als Wohnraum auch einen dem mittelalterlichen Denkmal entsprechenden Gebrauch der Brückenbauten durch Gewerbe, Handwerk, Ladenlokale, Antiquitätengeschäfte und kleine Galerien bzw. Museen zu ermöglichen.

Bridge with a view

Auch andere Häuser auf der Brücke haben Geschichten zu erzählen. Im **Haus zum Affen** 4

Da Sie schon hier sind: Ist ein bisschen Kram gefällig? Die originellen Geschäfte laden zum Schauen und Kaufen ein: Im **L'escargot** 1 (▶ S. 101) können Sie erlesene regionale und internationale Weine verkosten und kaufen. Für alle Liebhaber edler Schokolade empfehle ich die **Goldhelm-Schokoladenmanufaktur** 2 (▶ S. 99). Nicht nur interessante Schokoladenkreationen warten auf Käufer, Leckermäuler können sich auch vor Ort niederlassen und gleich probieren. Zu guter Letzt werden mir viele Linkshänder für diese Information dankbar sein: Auf der Krämerbrücke gibt es den einzigen **Linkshänder-Laden** 3 (▶ S. 101) in Erfurt.

#2 Krämerbrücke

Der Namensgeber der Kirche: Der hl. Ägidius (um 640 in Athen geboren) ist Schutzpatron der Hirten, Jäger, Schiffbrüchigen, Bogenschützen, Bettler und Aussätzigen. Er ist einer der 14 Nothelfer und steht stillenden Müttern und Beichtenden zur Seite. Sein Gedenktag ist der 1. September.

▶ **TERMIN**

Einmal im Jahr, meist Anfang Juni, lädt das größte Altstadtfest Thüringens, das Krämerbrückenfest, zum Schauen, Verweilen, Genießen ein. Wenn Sie Menschenmassen nicht abschrecken, ist dieses Fest ein Muss.

(Krämerbrücke 9) hatte 1635 der Hausherr zur Taufe seines Sohnes geladen. Während der Feier kam es zu einer folgenschweren Auseinandersetzung mit einem betrunkenen Soldaten, der im Verlaufe der Zwistigkeiten zwei Stadtmusikanten meuchelte. Johann Bach, Großonkel von Johann Sebastian Bach, hörte in Schweinfurt von diesem Ereignis und bewarb sich auf eine der frei gewordenen Stellen als Stadtmusikus. Nach einem erfolgreichen Vorsprechen beim Rat der Stadt erhielt er die Stelle und wohnte fortan im **Haus zum Schwarzen Ross** 5 (Krämerbrücke 19).

Eingerahmt wurde das den Fluss überspannende Bauwerk von zwei Brückenkirchen: der 1810 abgebrochenen **Benediktskirche** und der erhalten gebliebenen **Ägidienkirche** 6. Die heute von der evangelisch-methodistischen Gemeinde Erfurts genutzte Kirche wurde erstmals 1110 erwähnt. Mit der Errichtung der Krämerbrücke in Stein wurde auch die Ägidienkirche als Steinbau ausgeführt. Die evangelisch-methodistische Gemeinde ist besonders stolz darauf, das weltweit älteste Kirchengebäude ihrer Glaubensrichtung ihr Eigen nennen zu können. Der Turm der Ägidienkirche kann erklommen werden und bietet einen atemberaubenden Rundblick über Erfurt (▶ S. 81).

INFOS/ÖFFNUNGSZEITEN

Im Internet: www.kraemerbruecke.erfurt.de
Haus der Stiftungen 3: Krämerbrücke 31, T 0361 654 83 81, tgl. 10–18 Uhr
Ägidienkirche 6: Wenigemarkt 4, www.atlas.emk.de/turm-aegidienkirche.html, Di–So 11–17 Uhr

KULINARISCHES FÜR ZWISCHENDRIN

Warum nicht z. B. zum Frühstück vor der **Mundlandung** 1 (▶ S. 91) Platz nehmen und ein Biorührei (8 €) mit Gartenkräutern und hausgebackenem Brot genießen?

Cityplan: Karte 2, D2 | Stadtbahn: 3, 4, 6 (Fischmarkt/Rathaus), 1, 5 (Stadtmuseum/Kaisersaal)

Juden in Erfurt –
Alte Synagoge und jüdisches Viertel

Schon vor rund 1000 Jahren lebten Juden in Erfurt – davon zeugt die Alte Synagoge, deren Baubeginn ins 11. Jh. fällt. Das bauliche und kulturelle Erbe der bedeutenden jüdischen Gemeinde Erfurts ist so vielfältig, dass es sogar bald zum UNESCO-Welterbe gehören könnte.

Es ist eine leider nur zu gut bekannte Geschichte: Als 1348 die Pest in Erfurt grassierte, fand man in der jüdischen Bevölkerung den Sündenbock: Man warf ihnen vor, die Brunnen vergiftet zu haben. Ein erstes Pogrom löschte 1349 die gesamte jüdische Gemeinde, die im Stadtzentrum zwischen Rathaus, Krämerbrücke und Michaeliskirche lebte, aus. Die Alte Synagoge wurde zum Lagerhaus

Die Mikwe in der Kreuzgasse gehörte einst zur Alten Synagoge und ist bereits für das 13. Jh. belegt. Lange schlummerte sie im Verborgenen: Erst vor wenigen Jahren stieß man auf die Überreste des Ritualbads.

#3 Alte Synagoge und jüdisches Viertel

So lautet die Übertragung des Judeneids: »Dessen dich dieser beschuldigt, dessen bist du unschuldig, so dir Gott helfe. Gott, der Himmel und Erde geschaffen hat, [dazu] Laub, Blumen und Gras, von denen es zuvor nichts gegeben hat. Und wenn du falsch schwörst, dann verschlinge dich die Erde, die Datan und Abiron verschlang. Und wenn du falsch schwörst, dann überfalle dich der Aussatz, den Naman überstand und den Iezi [= Gehasi] befiel. Und wenn du falsch schwörst, dann vertilge dich das Gesetz, dass Gott Mose auf dem Berge Sinai gab, das Gott selbst mit Fingern auf die steinerne Tafel geschrieben hat. Und wenn du falsch schwörst, dann mögen dich alle Schriften [= Gesetze] zu Fall bringen, die in den fünf Büchern Mose aufgeschrieben sind. Das ist der Judeneid, den Bischof Conrad dieser Stadt gegeben hat«.

umgebaut. Nur wenige Jahre nach dem Pogrom begann die jüdische Bevölkerung Erfurts wieder zu wachsen. Im Laufe des 15. Jh. kippte die Stimmung erneut, 1453 kündigte der städtische Rat den Schutz der Juden auf. In der Folge verließen alle Juden die Stadt. Ihre Häuser wurden verkauft und die Synagoge, die sie Mitte des 14. Jh. hinter dem Rathaus errichtet hatten, zum Zeughaus umgebaut. Erst ab dem späten 18. Jh. durften sich wieder Juden in Erfurt ansiedeln.

Religiöses Zentrum

Die **Alte Synagoge** 1 wurde zu Beginn der 1990er-Jahre wiederentdeckt und beherbergt heute ein einzigartiges Museum, dessen Hauptattraktion der Erfurter Schatz ist, ein Konvolut aus mehr als 3700 Gold- und Silberstücken. Er wurde 1998 bei Bauarbeiten auf der Ostseite der Michaelisstraße gefunden. Vergraben hat ihn wohl der jüdische Kaufmann Kalman von Wiehe. Herausragend ist ein jüdischer Hochzeitsring – es gibt nur drei weitere mittelalterliche Exemplare weltweit!

Im Erdgeschoss illustriert eine Dauerausstellung die Baugeschichte, im Obergeschoss werden Handschriften gezeigt, u. a. die älteste im Bestand des Stadtarchivs Erfurt: der »Erfurter Judeneid«. Gotische Buchstaben und das Wachssiegel verleihen dem mittelhochdeutschen Dokument eine faszinierende Ausstrahlung. Vor 1200 geschrieben ist es das älteste Schriftstück, welches von der jüdischen Gemeinde Erfurts zeugt, und zugleich der älteste Judeneid in deutscher Sprache.

Die Alte Synagoge trägt ihren Namen zu Recht: Sie ist mehr als 900 Jahre alt und gehört somit zu den ältesten jüdischen Gotteshäusern in Europa. Ihre charakteristische Fassade wurde restauriert.

Alte Synagoge und jüdisches Viertel #3

INFOS/ÖFFNUNGSZEITEN

http://juedisches-leben.erfurt.de/
Museum Alte Synagoge 1: Waagegasse 8, T 0361 655 15 20, Di–So 10–18 Uhr, Erw. 8 €, erm. 5 €, erster Di im Monat Eintritt frei, kostenloser Videoguide

Mikwe 2: Führungen April–Okt. Do 16, Sa 14 Uhr, Nov.–März. Do 15 Uhr, kostenlos, keine Anmeldung erforderlich, Treffpunkt Kreuzgasse. Einen ebenso kurzen wie interessanten Animationsfilm zur Mikwe finden Sie hier: http://juedisches-leben.erfurt.de, ›Mittelalter‹, ›Mikwe‹.

Kleine Synagoge 3: An der Stadtmünze 4–5, T 0361 655 16 61, Di–So 11–18 Uhr, Eintritt frei

Cityplan: J 4–6 | Stadtbahn: 3, 4, 6 (Fischmarkt/Rathaus)

Das Erfurter Dokument enthält keine entehrenden Zusätze, wie es später üblich wurde. Das mit farbigen Seidenfäden angehängte Siegel mit dem hl. Martin im Bischofsornat ist das älteste seiner Art. Der Judenschutz fiel in dieser Zeit in die Zuständigkeit des Erzbischofs von Mainz. Das Dokument aus der Amtszeit von Erzbischof Konrad I. von Wittelsbach (gest. 1200) legt Zeugnis von der Bedeutung der jüdischen Gemeinde ab.

Anstelle des christlichen Schwurs schuf man für Juden eine dreizehnzeilige Formel, welche mit Anspielungen auf das Alte Testament vor Meineid warnte, geschworen wurde auf die fünf Bücher Mose. Auch wenn das Dokument nicht dem Aufbau einer Urkunde entspricht, hatte es doch rechtsverbindlichen Charakter. Die Eidesformel ermöglichte jedem Juden vor einem christlichen Gericht den Widerspruch und Rechtsgeschäfte.

Das Ritualbad

Die zur Alten Synagoge gehörende **Mikwe 2**, 2007 wiederentdeckt, ist neben Synagoge und Friedhof ein wichtiger Bestandteil und Bezugspunkt im jüdischen Gemeindeleben. Vor allem Frauen nutzten es, weshalb es häufig Frauenbad genannt wird. Es diente zur kultischen Reinigung

▶ **INFOS**

Sie wollen es genauer wissen? Auf http://juedisches-leben.erfurt.de erfahren Sie Wissenswertes zur Geschichte der jüdischen Gemeinde, der wichtigsten Bauwerke und der laufenden Bewerbung als UNESCO-Welterbe. Außerdem gibt es Infos zu Konzerten, weiteren Veranstaltungen und Führungen.

#3 Alte Synagoge und jüdisches Viertel

Der Davidstern findet sich als Symbol seit dem 7. Jh. im Judentum. Hier schmückt er ein Grabmal auf dem Neuen Jüdischen Friedhof in Erfurt.

Zeichen setzen: Insgesamt neun Denknadeln, die im Erfurter Stadtgebiet an ehemaligen Wohnorten jüdischer Bürger aufgestellt wurden, erinnern an deren Schicksale. Die Denknadeln wurden von der Künstlerin Sophie Hollmann geschaffen.

nach Berührungen mit Toten, mit Blut oder anderem in religiösem Sinne Unreinen. Eine Mikwe wird mit ›lebendigem‹, also fließendem Wasser gespeist. Dieses war hier, nahe der Gera, ausreichend vorhanden. Schriftquellen belegen, dass die jüdische Gemeinde für das Bad und für das Grundstück Abgaben zahlen musste. Die mittelalterlichen Steuerlisten verraten, dass die Umgebung der Mikwe dicht bewohnt war. Wie überall im jüdischen Quartier lebten auch hier Juden und Christen Wand an Wand – eine Besonderheit in der Stadt Erfurt, in der es kein Getto gab.

Unter dem Naziterror

Die **Kleine Synagoge** 3 war das religiöse Zentrum der im 19. Jh. wieder anwachsenden Gemeinde. Bald wurde sie aber zu klein. Daher errichtete man 1884 eine Große Synagoge im Stil des Historismus mit einer Kuppel und 500 Plätzen. In der »Reichskristallnacht« wurde diese von Nationalsozialisten zerstört. Ein Großteil der jüdischen Gemeinde, damals etwa 1000 Menschen, wurde bis 1945 in Vernichtungslager deportiert und ermordet. Etwa 250 Juden konnten auswandern, nur 15 überlebten die Deportation und kehrten nach dem Ende der Nazidiktatur nach Erfurt zurück.

Erster Synagogenneubau

Nach dem Zweiten Weltkrieg erhielt die jüdische Gemeinde zunächst Zuwachs, zumeist aus Osteuropa. Doch wanderten gleichzeitig viele Gemeindemitglieder in das neu gegründete Israel aus. Im Ostblock herrschte trotz aller antifaschistischen Parolen ein ausgeprägter Antisemitismus. Dieser drückte sich nicht nur in einer allgemeinen Verunglimpfung des jüdischen Staates aus, sondern führte auch zu antisemitischen Prozessen. 1953 wurden in Prag und Moskau jüdische Intellektuelle angeklagt und zum Tode verurteilt.

Vor diesem Hintergrund verließen etwa zwei Drittel aller in der DDR lebenden Juden ihre Heimat. In Thüringen überlebte nur die jüdische Gemeinde in Erfurt, alle anderen Gemeinden wurden aufgelöst. 1952 wurde an der Stelle der zerstörten Synagoge am Juri-Gagarin-Ring die **Neue Synagoge** 4 erbaut, der erste Synagogenneubau auf dem Gebiet der DDR. Heute leben wieder etwa 400 Juden in Erfurt.

Sei schlau, mach blau – **Kulturhof Krönbacken**

Die Erfurter wussten schon im Mittelalter, wie man so richtig schön ›blau macht‹ und dabei auch noch ›stinkreich‹ wird. Des Rätsels Lösung: Waid. Noch nie gehört? Dann wird es Zeit!

Ein römischer Chronist vermerkte schon für das Jahr 54 v. Chr., dass sich in der Bretagne Menschen mit einer blauen Farbe bemalen, die sie aus Waid gewinnen. Bis zum Mittelalter entwickelte sich diese Färbepflanze zu einem der herausragenden Handelsgüter in Europa. Der Waidanbau, der auch in der Landgüterordnung »Capitularis de villes« Karls des Großen aus dem Jahre 795 erwähnt wird, spielte für Erfurt jahrhundertelang eine wichtige Rolle. In den Jahren 1248/49 erhob

Modernes Gefährt vor alten Mauern: Das Haus zum Güldenen Krönbacken mitten in der Erfurter Altstadt.

#4 Kulturhof Krönbacken

INFOS/ÖFFNUNGSZEITEN

Kulturhof Krönbacken 1: Michaelisstr. 10, T 0361 655 19 60, www.kroenbacken.de
Galerie Waidspeicher: Di–So 11–18 Uhr, 4 €, erm. 2,50 €, Führung Di 12 Uhr

KULINARISCHES FÜR ZWISCHENDRIN

Thüringer Spezialitäten bietet die Gaststätte **Zum Goldenen Schwan 1** (Michaelisstr. 9, T 0361 262 37 42, www.zum-goldenen-schwan.de, Jan./Feb. Mo–Fr 17–1, Sa/So 11–1, März–Dez. tgl. 11–1 Uhr, Hauptgerichte ab 9 €).

Cityplan: Karte 2, C/D 2/3 | Stadtbahn: 3, 4, 6 (Fischmarkt/Rathaus)

der Erfurter Rat einen sogenannten *Withpenik* (Waidpfennig): Die Steuer war nicht nur eine Einnahmequelle für die Stadt, sondern stellte auch eine Kontrollmöglichkeit des Rates zur Einhaltung der Marktordnung dar. Ab dem Jahre 1276 gibt es gesicherte Quellen über den Waidanbau und die Waidverarbeitung in Erfurt. Die Blütezeit des Waidhandels lag zwischen dem 14. und dem Beginn des 17. Jh.

Vom Waid zur Kunst

Eine heute noch erhaltene Produktions- und Lagerstätte ist der Waidspeicher im **Kulturhof Krönbacken.** Die Erdgeschossmauern des **Hauses zum Güldenen Krönbacken 1** stammen aus dem 13. Jh., vollendet wurde es in der Renaissance. Über der Hofeinfahrt ist die Jahreszahl 1534 zu erkennen. Und der eigentliche Hauseingang, reich verziert, war 1561 fertiggestellt.

Von der Waidpflanze wurden nur die Triebblätter für die Farbproduktion genutzt. Im Kulturhof Krönbacken steht mitunter ein Kübel mit Waid – unbedingt anschauen!

Auf dem Grundstück sind die **Speichergebäude 2** erhalten geblieben, wo die Fässer gelagert wurden, in denen der Rohwaid zur Fermentation gebracht wurde. Heute sind hier Kunstausstellungen zu sehen und regelmäßig finden auf dem Hof Veranstaltungen statt. Im Biergarten des benachbarten Gasthofes **Zum Goldenen Schwan 1** lässt sich die Atmosphäre genießen, die diese alten Mauern auch heute noch ausstrahlen.

Kulturhof Krönbacken #4

Nichts für feine Nasen

Von den Pflanzen wurden die Triebblätter entfernt und in Waidmühlen zu einem Brei zerrieben. Dieser Pflanzenbrei, zu faustgroßen Kugeln geformt, wurde getrocknet und als Roh- oder Ballenwaid den sogenannten Waidjunkern auf dem Anger zum Kauf angeboten. Der Waidmeister, ein Tagelöhner, der die Aufsicht auf dem Markt hatte, verdiente etwa neun Pfennige am Tag. Ein Waidhändler, der den Rohwaid durch Fermentation zu Farbpulver weiterverarbeitete, hatte sehr viel mehr Verdienst damit. Einer der reichsten Waidhändler Erfurts, Hiob von Stotternheim, hatte 1620 einen Gewinn von 25 666 Gulden zu versteuern. Dafür hätte ein Waidmeister etwa 2000 Jahre arbeiten müssen.

In zahllosen Fässern brachten die Waidjunker den Rohwaid zur Fermentation. Dazu wurde er mit Urin begossen, den die Waidjunker teils von Gasthäusern kauften, teils verwendete man Pferdeurin. Wie es seinerzeit in Erfurt gerochen haben mag, kann sich jeder selbst vorstellen. Vielleicht kam daher auch der Ausspruch, die Erfurter seien ›stinkreich‹.

Nach der Fermentation wurde das Produkt getrocknet und zu Pulver zerrieben. Die Handelsbeziehungen der Erfurter Waidhändler erstreckten sich über ganz Europa bis nach Nordafrika. Die Auswirkungen des Dreißigjährigen Krieges und vor allem die Entdeckung und Einfuhr der indischen Indigopflanze ließen den Waidhandel in der Bedeutungslosigkeit versinken. Von den 1620 tätigen 79 Waidhändlern gingen Mitte des 17. Jh. nur noch 19 ihrem Gewerbe nach.

Mein Haus, mein Pferd, mein ...

Die Wohnhäuser der Waidhändler gehörten zu den prächtigsten profanen Bauten in Erfurt, die den Reichtum ihrer Besitzer deutlich zeigten. Im **Haus zum Sternberg** 3 (Allerheiligenstr. 8) wohnte einst der Waidhändler Sebastian Cranichfeld. Die Fassade des Hauses vereint gestalterische Elemente der Gotik und der Renaissance. Vorbei an der Allerheiligenkirche gelangen Sie in die Große Arche. Kurz vor dem **Haus zum Sonneborn** 4 (▶ S. 38) führt Sie Ihr Weg zu einem weiteren ehemaligen **Waidspeicher** 5, in dem heute Kunst geboten wird: Das Puppentheater (▶ S. 107) und das Kabarett Die Arche (▶ S. 108) haben hier ihre Heimat.

ÜBRIGENS

Was Sie schon immer einmal über **Waid** (Isatis tinctoria) wissen wollten, aber nie zu fragen wagten: Es handelt sich um eine mehrjährige Pflanze, die 80–120 cm hoch wächst. Sie ist gelb blühend, dem Raps ähnlich und gehört zur Familie der Korbblütler. Mit Waid wurden vor allem Stoffe gefärbt. Die Palette reichte dabei von hellen Blautönen bis zu kräftigem Blau. Der Farbton war abhängig von der Dauer des Verbleibs des Stoffes in der Tinktur. Erst beim Trocknen des Färbeguts an der Luft kam die Färbung zum Vorschein. Die Färber hatten also nichts weiter zu tun, als zu warten. Damit sie nicht als Faulenzer angesehen würden, sagten sie »Wir machen blau!« Diese Behauptung ist historisch nicht belegt, aber amüsant. Die pilzhemmenden Inhaltsstoffe des Färberwaids galten auch als besonders geeignetes Holzschutzmittel und so wurde Färberwaid im Mittelalter auch als Anstrich für Holzbalken genutzt. Das konnten sich jedoch nur reiche Bürger leisten.

Eliteuniversität des Mittelalters – **Collegium maius**

Nach neuesten Auslegungen ist die Erfurter Alma Mater die älteste bürgerliche Bildungsstätte – das erste Gründungsprivileg wurde 1379 von Papst Clemens VII. in Avignon ausgestellt. Sie war somit im Heiligen Römischen Reich Deutscher Nation nach Prag (1348) und Wien (1365) die drittälteste Hochschule.

Sieht nach Arbeit aus? Ist ja auch die moderne Uni-Bibliothek. In Erfurt wird seit Jahrhunderten auf universitärem Niveau gepaukt – da können die Studis von heute schlecht die Hände in den Schoß legen.

Gebüffelt wurde in Erfurt zwar bereits im 11. und 12. Jh. an mehreren Schulen, die an Stiften und Klöstern betrieben wurden. Die Schulen des Marienstifts, des Augustinerchorherrenstifts und des Petersklosters waren jedoch nicht öffentlich zugänglich: Nur Mönche konnten hier studieren. 1123 erlaubte die Schule des Marienstifts auch Laien den Besuch. 1293 schlossen sich vier große

Schulen zu einem *studium generale* zusammen, das von einem *rector superior* geleitet wurde. In den Schulen des Marienstifts, des Severistifts, der Augustinerchorherren und im Schottenkloster konnte man nun ein Studium der Sieben Freien Künste absolvieren sowie Wissen über Geschichte, Theologie und Philosophie erwerben. Diese zum *Studium generale erfordense* zusammengefassten Schulen hatten jedoch kein Promotionsrecht.

Zwei Päpste – zwei Privilegien

Das Bildungsmonopol lag im Mittelalter beim Papst – er entschied, wer wo eine Lehrstätte errichtete. Als sich der Erfurter Magistrat im ausgehenden 14. Jh. um eine Universitätsgründung bemühte, gab es zwei Päpste – Urban VI. in Rom und den sogenannten Gegenpapst Clemens VII. in Avignon. Die Erfurter Bürger gingen auf Nummer sicher und beantragten kurzerhand bei beiden Kirchenoberhäuptern das Privileg zur Gründung einer Hochschule. Am 13. September 1379 bestätigte Papst Clemens VII. in Avignon dieses Ansinnen und fast zehn Jahre später, am 4. Mai 1389, auch Papst Urban VI.

Eine Besonderheit der Alten Erfurter Universität: Von Anfang an waren alle im Mittelalter erlaubten Fakultäten vertreten – eine philosophisch-artistische, eine theologische, eine juristische und eine medizinische Fakultät. Die Lehrmethoden waren sehr modern, die Uni sozusagen eine frühe Form der Elitehochschule, und im Gegensatz zu anderen Universitäten wurde nicht nur kirchliches, sondern auch bürgerliches Recht gelehrt. Ab dem 28. April 1392 konnten sich Magister und Studenten in die Matrikel einschreiben. Viele der Professoren kamen von der Prager Universität. Der erste Rektor der Universität zu Erfurt war Ludwig Molner. Amplonius Rating de Berka löste ihn zwei Jahre später ab. Im Jahr 1398 fand die erste Magisterpromotion statt.

Der alte Campus

Das **Collegium maius** 1 war Sitz des Rektors und der Philosophischen Fakultät. Während der Unruhen 1509/10, dem sogenannten Tollen Jahr von Erfurt, wurde ein Vorgängerbau des Collegium maius von aufgebrachten Studenten und Bürgern zerstört. In seiner heutigen Form besteht dieses

Wer bei freier Kunst an »Tanze deinen Namen« denkt, liegt falsch: Die Sieben Freien Künste, lat. *septem artes liberales*, bezeichnen sieben Studienfächer, deren Kanon auf die Antike zurückgeht. Sie umfassten Grammatik, Dialektik, Rhetorik, Astronomie, Musik, Arithmetik und Geometrie.

Gar nicht toll fanden viele Bürger die Verhältnisse in Erfurt am Anfang des 16. Jh.: So kam es zum ›Tollen Jahr von Erfurt‹ von 1509 bis 1510. Die Ursachen lagen in der Verschuldung der Stadt, einer damit verbundenen drastischen Erhöhung der Steuern und einem, sagen wir: unglücklich agierenden Ratsmeister. Schließlich machten die ärmeren Schichten ihrem Zorn auf die Patrizier Luft und zerstörten zahlreiche Gebäude. Der Ratsherr Heinrich Kellner, der ›unglücklich Agierende‹, wurde vor Gericht gestellt und hingerichtet. Ein Gemälde im Festsaal des Rathauses erzählt diese Geschichte.

#5 Collegium maius

ABSTECHER

Die eindrucksvolle Sammlung mittelalterlicher Handschriften der **Bibliotheca Amploniana** ist heute in der neuen Erfurter Uni untergebracht (▶ F 2, Nordhäuser Str. 63, www.uni-erfurt.de/amploniana, Mo–Fr 9–17 Uhr, Eintritt frei).

Cityplan: Karte 2, D2 | **Stadtbahn:** 3, 4, 6 (Fischmarkt/Rathaus)

Gebäude seit etwa 1550. Im Zweiten Weltkrieg ging es weitgehend kaputt, lediglich das Kielbogenportal war erhalten geblieben. Der Wiederaufbau begann in den späten 1990er-Jahren. Heute ist in dem ehrwürdigen spätgotischen Gebäude das Landeskirchenamt der Evangelischen Kirche in Mitteldeutschland zu finden.

Auch die Gebäude der anderen Fakultäten lagen in der Nähe, Universitätskirche war die **Michaeliskirche** 2 (▶ S. 60) am Collegium maius. Die Medizinische Fakultät im Collegium amplonianum befand sich auf dem Grundstück Michaelisstraße 44. In der Gegend siedelten sich zahlreiche Drucker an, die die Schriften der Professoren und Studenten veröffentlichten. Genannt sei hier Matthes Mahler, der im **Haus zum Schwarzen Horn** 3 (Michaelisstr. 48) unter anderem Adam Ries' Buch »Vom Rechnen auf den Linien« druckte.

Ende und Neubeginn

Der Niedergang der Alten Erfurter Universität begann 1664 mit der endgültigen Machtübernahme des Mainzer Kurfürsten Johann Philipp von Schönborn. Nunmehr war die Erfurter Hochschule von einer überregionalen zur kurmainzischen Landesuniversität geworden und die Immatrikulationszahlen sanken. Nach mehr Ab als Auf bestimmte der preußische Staat 1816 die Schließung. Die wenigen Studenten wurden an andere, modernere Hochschulen verwiesen; ebenfalls die Professoren, die zahlenmäßig den Studenten deutlich überlegen waren. Erst 1994 wurde die Universität neu gegründet, Vorläufer war die Pädagogische Hochschule aus Zeiten der DDR.

Die Philosophisch-artistische Fakultät sah berühmte Persönlichkeiten wie Johannes Gutenberg und Martin Luther. Als Lehrer wirkten Geistesgrößen wie der Humanist Eobanus Hessus (Professor für klassische Sprachen, Poesie und Rhetorik von 1517 bis 1523) oder Christoph Martin Wieland (Professor für Philosophie von 1769 bis 1772).

Auf einen Schluck – die Biereigenhöfe der Stadt

Was Männer immer wieder behaupten, ist wahr: Bier ist ein Grundnahrungsmittel! Nicht weniger als 583 Biereigenhöfe zählte Erfurt im Mittelalter. Dermaßen gut versorgt, ließen es sich die Erfurter gleich eimerweise schmecken.

Ehe Sie die falschen Schlüsse ziehen: Man sollte nicht vergessen, dass der Gerstensaft im Mittelalter auch Sättigungsbeilage war. Die Hauptmahlzeiten bestanden aus Gemüse und Brot, nur selten gab es Fleisch. Dazu getrunken wurde Bier, das in den Biereigenhöfen der Stadt gebraut wurde. Man kann sie mit Straußenwirtschaften vergleichen, die nur zu bestimmten Zeiten ihre Produkte anbieten dürfen. Das Braurecht wur-

Diese kupfernen Kessel versprechen Erfrischung per kühlem Blonden: Ein frisch gebrautes Bier wie hier im Goldenen Schwan schmeckt in jeder Sightseeing-Lage.

#6 Biereigenhöfe

Eine echte Alternative zum Industriebier ist das in Gasthäusern gebraute. Glauben Sie nicht? Dann hilft nur eins: Ausprobieren!

BOXENSTOPP AM WEGESRAND
Noah ❶: ▶ S. 95
Café Flo ❷ **(Haus zur Lauenburg):** ▶ S. 93
Köstritzer – Zum Güldenen Rade ❸:
▶ S. 95

de nicht Personen übertragen, sondern war mit dem Grundstück verbunden. Hatte also jemand ein Haus mit Braurecht erworben, war er auch berechtigt, diesen besonderen Saft herzustellen.

Herausragendes äußeres Merkmal eines Hauses mit Braurecht, also eines Biereigenhofs, sind runde Öffnungen neben dem Eingangsportal des Gebäudes. Und davon gibt es so einige in Erfurt. Sehr häufig sind es zwei Öffnungen, manchmal nur eine. Dort hinein steckte der Hausherr, wenn das Bier fertig gebraut war, einen Strohwisch. Ein Bierausrufer, Angestellter der Stadt, gab zudem im Stadtviertel bekannt, wo Bier gebraut wurde. In der sogenannten Bierwette war festgelegt, wer wann wie viel Bier brauen durfte.

Im Jahr 1510 trank statistisch gesehen jeder Erfurter Bürger dreieinhalb Eimer Bier. Das klingt nun erst mal recht wenig. Doch ›Eimer‹ war in dieser Zeit ein Hohlmaß und entspricht heute 73,44 l. Auf jeden Erfurter kamen also rund 257 l Bier im Jahr, circa 0,7 l jeden Tag. Inzwischen liegt der Pro-Kopf-Verbrauch bei etwa 160 l pro Jahr.

Ein Grund zu feiern findet sich immer

Das **Haus zum Sonneborn** ❶ (Große Arche 6) gehörte einst der Patrizierfamilie Ludolf, die mit dem Waidhandel und als Bierbrauer genügend Geld verdiente, um sich ein prachtvolles Renaissancehaus zu errichten. Sprachwissenschaftlern

Cityplan: H–K 4/5 | Stadtbahn: 3, 4, 6 (Domplatz-Nord bzw. Domplatz-Süd)

Biereigenhöfe #6

Wenn Sie dann selbst vor dem Haus zum Sonneborn stehen, sehen Sie nicht nur den gelben Anstrich sondern weiter oben auch zwei Sgrafitti aus dem 16. Jh.

wird der Name Ludolf etwas sagen: Hiob Ludolf beherrschte 25 meist orientalische Sprachen und gab die erste äthiopische Grammatik heraus sowie ein äthiopisches Wörterbuch. Sein Neffe Heinrich Wilhelm Ludolf gilt als Begründer der deutschen Slawistik und ist Verfasser der ersten bekannten Grammatik der russischen Volkssprache.

Heute wird im Haus zum Sonneborn kein Bier mehr ausgeschenkt: Seit 1985 ist hier das Standesamt untergebracht. Wer sich in der unmittelbaren Nachbarschaft umsieht, wird aber leicht auf weitere kleine und große Biereigenhöfe stoßen. Sie wissen ja, wonach Sie Ausschau halten müssen: eine oder zwei runde Öffnungen neben dem Eingangsportal.

Von Bier zu Bier …

Ein frisches Bier, wenn auch nicht im Gasthaus gebraut, können Sie im **Noah** ❶ zu sich nehmen. Dergestalt gestärkt gehen Sie durch die Straße Große Arche in Richtung Marktstraße und kommen am **Haus zur Lauenburg** ❷ vorbei. Heute ist hier ein kleines Café – einst war es ein Biereigenhof und der ›Geburtsort‹ der über viele Jahre erfolgreichen Erfurter Braugold-Brauerei. In der

Das Erfurter Bier war zumeist ein dunkles Bier. Böse Zungen behaupten, weil zum Brauen das Wasser der Gera benutzt wurde. Der Sage nach forderte der Bierausrufer die Anwohner auf, »nicht mehr in die Gera zu machen«, weil ein feines Bier gebraut werden soll. Bei der Sanierung eines ehemaligen Biereigenhofs in der Marbacher Gasse wurde ein Rezept von 1587 gefunden. »Wasser aus der Gera« ist nicht als Zutat vermerkt.

#6 Biereigenhöfe

Das in Erfurt gebraute Bier hatte weniger Alkohol als die heutigen Gerstensäfte, dafür aber wesentlich mehr energiereiche Inhaltsstoffe. Wenn der Biereige vom Rat und den (Stadt-)Viertelsvormunden der Biereigengenossenschaft bestätigt wurde, durfte er nach Zahlung des jährlichen Braugeldes, ›Bierwette‹ genannt, zu einem nach Los festgelegten Termin Bier brauen und ausschenken. Auch die Professoren der Erfurter Universität hatten Braurecht – was ihr schmales Gehalt aufbessern sollte. Eobanus Hessus allerdings bekam einmal eine Abmahnung seines Rektors: »Er solle künftig nüchtern zu den Vorlesungen erscheinen, sonst streiche man ihm das Gehalt.«

Marktstraße selbst stoßen Sie dann linker Hand auf das **Köstritzer – Zum Güldenen Rade** ❸, ebenfalls ein ehemaliger Biereigenhof, mit einem der schönsten Biergärten Erfurts.

Schließlich erreichen Sie den Fischmarkt und sehen an dessen westlicher Begrenzung das **Haus zum Roten Ochsen** ❷ (▶ S. 21). Hier hat Ratsmeister Jakob Naffzer nicht nur mit Waid sein Geld verdient, nein, er hat auch: Na? Richtig: Bier gebraut. Ein Stück weiter, auf dem Anger, gibt es gleich mehrere einstige Biereigenhöfe: das **Haus zum Riesen** ❸ (Anger 23) wie auch das **Haus zum Schwarzen Löwen** ❹ (Anger 11).

Heute kommt der Gerstensaft in erster Linie aus industriell betriebenen Brauereien, doch in Erfurt gibt es auch einige Gasthausbrauereien, die ihr Bier selbst brauen: Das **Gasthaus zum Goldenen Schwan** ❹ (▶ S. 32) in der Michaelisstraße 9 zum Beispiel. In dem ehemaligen Biereigenhof können Sie noch heute ein frisch Gebrautes genießen und auf Anfrage sogar Brauseminare besuchen, in denen sich ein Bierkenner-Zertifikat erwerben lässt. Wohl bekomm's!

> **→ AUSSERHALB**
>
> **Brauereien vor den Toren der Stadt**
> Außerhalb der Innenstadt locken die Gasthäuser **Waldkasino** ❺ (🕮 H 8, Waldkasino 2, T 0361 345 66 77, www.waldkasino.de, tgl. 10–24 Uhr) – Erfurter nennen es kurzerhand ›WC‹ – und das **Waldhaus** ❻ (Rhodaer Chaussee 12, www.waldhaus-erfurt.de, T 0361 345 93 20, tgl. 11–24 Uhr). Beide Ausflugsgaststätten lohnen einen Besuch. Von der Terrasse des ›WCs‹ haben Sie außerdem eine faszinierende Aussicht über die Stadt. Das Waldkasino ist zu erreichen mit der Stadtbahnlinie 1 in Richtung Thüringenhalle, Haltestelle Steigerwaldstadion, und einem anschließenden etwa zehnminütigen Spaziergang entlang der Martin-Anderson-Nexö-Straße, oder mit den Buslinien 60, 61 sowie 165, bis zur Haltestelle Waldkasino. Zum Waldhaus gelangen Sie mit dem Bus Linie 60 Richtung Möbisburg, mit dem Auto oder mit der Stadtbahn und einem darauffolgenden etwa 30 Minuten dauernden Spaziergang durch den Steigerwald.

Auf dem Domberg –
Dom St. Marien und Severikirche

Mit Rom verglichen zu werden, das muss eine Stadt erst einmal schaffen. Wegen der vielen Kirchtürme durfte sich Erfurt im Mittelalter mit dem Beinamen »thüringisches Rom« schmücken. Die markantesten Türme der Stadtsilhouette steuern bis heute Dom und Severikirche auf dem Domberg bei.

Erfurt gehört zu den fünf niederschlagsärmsten Städten in Deutschland. Dieses Wissen nützt Ihnen jedoch nichts, wenn Sie im Regen stehen.

Die erste urkundliche Erwähnung Erfurts besorgte ein irisch-schottischer Missionar: Bonifatius richtete im Jahr 742 an Papst Zacharias die schriftliche Bitte, in Erfurt einen Bischofssitz zu bestätigen. Mit

#7 Dom St. Marien und Severikirche

Erfolg: An der Stelle, an der heute der Dom St. Marien aufragt, soll Bonifatius Anfang des 8. Jh. eine Kapelle errichtet haben, in der die ersten Christen Erfurts getauft wurden. Der erste Bischof von Erfurt soll ein Schüler Bonifatius', der Hl. Adolar, gewesen sein. Die unmittelbar nördlich vom Dom stehende Severikirche geht auf eine Stiftskirche von Benediktinerinnen, die seit dem 8. Jh. auf dem Domberg lebten, zurück.

Über 70 Stufen musst du geh'n

Bonifatius' Taufkapelle folgten mehrere Bauten. 1154 begann man mit dem Bau des heutigen **Doms St. Marien** [1], der 1182 geweiht wurde und dessen Architektur im Wesentlichen hochgotisch ist. Romanisch erscheinen der Turmbereich und die Kavaten unterhalb des Hohen Chores.

Hat man die 70 Stufen des Treppenaufgangs auf den Domberg gemeistert, wird man mit einer prächtigen Kirchenausstattung entlohnt. Die ältesten der mittelalterlichen Glasfenster im Hohen Chor stammen von 1370. Einige Fensterbilder zeigen Lebensstationen von Heiligen wie Bonifatius. Den Hochaltar (1697) schuf Johann Andreas Gröber aus Heiligenstadt, der sich bemühte, einen großen Anteil der farbigen Fenster hinter dem Altar sichtbar zu lassen. Auf den Postamenten sind neben den Aposteln Petrus und Paulus auch der Hl. Bonifatius und Martin, der Patron des Erzbistums Mainz sowie die Märtyrer Adolar und Eoban zu sehen. Das große Altarge-

Doppelt hält bekanntlich besser und deshalb ist ein Orgelkonzert im Dom zu Erfurt ein besonderes Erlebnis: Hauptorgel und die kleinere Seitenorgel im Hohen Chor können miteinander gekoppelt werden und es entstehen sehr interessante akustische Effekte, wenn der Organist beide Orgeln spielt.

INFOS/ÖFFNUNGSZEITEN

Dom St. Marien mit Dominformation: Severihof 2, T 0361 646 12 65, www.dom-erfurt.de, Nov.–März Mo–Sa 9.30–17, So/Fei 13–17; April–Okt. Mo–Sa 9.30–18, So/Fei 13–18 Uhr
Domführungen: Mo–Fr 14 Uhr

GROSSE SCHÄTZE

Führungen in die Domschatzkammer: Mi und Sa 14 Uhr (max. 15 Pers.), Voranmeldung unter T 0361 646 12 65

Cityplan: Karte 2, B/C 3 | Stadtbahnen 3, 4, 6 (Domplatz-Nord bzw. Domplatz-Süd)

Gut besucht ist der Hohe Chor des Mariendoms. Kein Wunder, denn seine Ausmaße wissen zu beeindrucken: 25 m hoch und 33 m lang. Bemerkenswert ist auch das Chorgestühl: Neben biblischen Darstellungen entdecken Sie hier auch alltägliche Szenen.

mälde im ersten Altargeschoss zeigt die Anbetung Mariens durch die Heiligen Drei Könige. Das Gemälde geht auf den Erfurter Maler Jakob Samuel Beck (Mitte des 18. Jh.) zurück. Oberhalb des Marien-Gemäldes ist die Gottesmutter als Schutzmantelmadonna zu sehen. Dieses Werk malte Robert Sandrock 1950. Das Chorgestühl (zwischen 1360 und 1370) gehört zur originalen Raumausstattung des Hohen Chores.

Kostbare Kunst

Die älteste vollplastische Darstellung eines Menschen in Bronze ist die Leuchterfigur »Wolfram«, aus dem späten 13. Jh. In ihrer unmittelbaren Nähe ist in einer Nische an der Ostwand die romanische Muttergottes aus Stuck (1160) zu sehen. Das riesige Wandgemälde an der Südseite des Langhauses zeigt den Heiligen Christophorus (1499). Einige der über 250 Grabplatten, die einst den Kirchenboden bedeckten, wurden im 19. Jh. an den Wänden des Langhauses und des Kreuzganges aufgerichtet, u. a. die Grabplatte eines Grafen von Gleichen, flankiert von zwei Frauen. Vermutlich ist es Graf Lambert II. († 1227), der zweimal verheiratet war.

Die Tafelbilder an den Säulen des Langhauses sind wegen ihres an die Säulen angepassten, gebogenen Malgrundes aus Fichtenholz einzigartig in der Kunstwelt. Sie zeigen verschiedene biblische Szenen und stammen aus der ersten Hälfte des 16. Jh.

Lucas Cranach d. Ä. malte um 1525 auf Lindenholz das Tafelbild »Verlobung der heiligen Katharina«. In einem barocken Altarretabel unter dem steinernen Baldachin in der Nordostecke des Langhauses können Sie dieses Bild finden.

▶ **INFOS & TERMINE**

Royales Läuten: Die größte mittelalterliche freischwingende Glocke der Welt, die **Gloriosa** (›die Ruhmreiche‹), hängt im mittleren Turm des Domes. 1497 fertigte der holländische Glockengießer Gerhard van Wou diese über 2,5 m hohe und über 11 t schwere Glocke, die von der Fachwelt als ›Königin der Glocken‹ bezeichnet wird. Ihr tiefes und warmes Läuten ist nur wenige Male im Jahr zu hören und ist hohen kirchlichen Anlässen vorbehalten. **Läutetermine** und genaue Termine der von April bis November stattfindenden **Führungen** auf: www.dom-erfurt.de.

#7 Dom St. Marien und Severikirche

Das Altartriptychon mit der Jungfrau Maria und dem Einhorn entstand um 1420. Es ist im Langhaus des Doms zu finden.

Ein Berg mit Geschichte

Die Benediktinerinnen, die im 8. Jh. auf dem Domberg lebten, verehrten den Heiligen Severus, dessen Reliquien 836 auf Veranlassung des Mainzer Erzbischofs Otgar in ihr Kloster mit einem Vorläuferbau der heutigen Pfarrkirche **St. Severi** überführt wurden. Als Erzbischof Adalbert I. Anfang des 12. Jh. den Domberg zur Bischofsresidenz ausbauen ließ, wurde das Nonnenkloster auf den Cyriaksberg (heute egapark) verlegt. Kirche und Konventsgebäude kamen an das Kanonikerstift St. Severi, dessen Chorherren nach den Regeln des Hl. Augustinus lebten und sich zu dieser Zeit am Domberg niederließen. Um 1276 wurde mit einem Neubau der Kirche begonnen, der Hochaltar am 25. August 1308 geweiht.

Für Gotik- und Kunstfans

Der Bau der Severikirche ist reine Gotik: Das Langhaus ist eine fünfschiffige Halle, an die sich zwei Querschiffe, zwei Chöre und im Osten zwei Türme anschließen. Ende des 15. Jh. kam zu den beiden Chortürmen der dritte, mittlere hinzu. Nicht minder beeindruckend als im Dom gibt sich der Innenraum mit seinen vielen einzigartigen Kunstwerken. Herausragend ist das Taufbecken mit Taufgehäuse, eine Steinmetzarbeit, die Hans Pfau aus Straßburg zugeschrieben wird (1467). Im ersten Joch des südlichen Seitenschiffes steht der zwischen 1363 und 1370 entstandene Severi-Sarkophag. An der Südwand der Blasiuskapelle befindet sich der Grabstein des Stiftskanonikers Conrad Stolle, dem wir eine der überlieferten Chroniken Erfurts verdanken.

Die Westwand des mittleren Querhauses dominiert der gewaltige Prospekt der Orgel, welche 1714 von dem Orgelbauer Johann Friedrich Wender d. Ä. aus Mühlhausen gefertigt wurde. 1930 lieferte die Orgelbaufirma Klais (Bonn) die heutige Orgel. Der Hochaltar der Severikirche aus den 1670er-Jahren zählt zu den frühesten Barockaltären Mitteldeutschlands. An der Ostwand des südlichen Querhauses steht der sogenannte Severi-Altar. Über der gotischen Altarmensa war nach 1472 ein Reliquienschrein errichtet worden, über dem die originale Deckplatte des Severi-Sarkophags angebracht wurde. Sie zeigt den Heiligen Severus samt Ehefrau Vincentia und Tochter Innocentia.

R RUHE...

Der Domberg ist einer meiner Lieblingsplätze in Erfurt. Der Freiraum zwischen beiden Kirchen strahlt die Ruhe und Geborgenheit aus, die nur im Schatten solch gewaltiger Kirchenbauten entstehen kann. An den beiden Kirchen entdecke ich immer wieder neue Details und finde Ruhe, wenn ich sie am dringendsten benötige. Besonders an der Westseite des Domes kann der Stadtwanderer auf einem Rondell, in dessen Mitte eine Marienfigur steht, eine Rast einlegen. Der Blick schweift über die Westfront des Domes hinüber zur Severikirche und dann hinab zum Stadtviertel Brühl.

Im Wandel – **Domplatz und Brühl**

An die 180 Häuschen sollen es gewesen sein, die sich an Gassen mit solch klingenden Namen wie »Unter den Heringern«, »Unter den Schilderern« und »An den Fleischbänken« reihten. Dann kam der Morgen des 6. November 1813, als preußische Truppen diesen Teil der Stadt in Schutt und Asche legten.

Helles Betonpflaster kennzeichnet heute den einst mit Häusern bebauten Bereich des Domplatzes. Die 14-stündige Kanonade, mit der preußische Truppen unter General Friedrich von Kleist die französischen Truppen in der Festung Petersberg zur Kapitulation bewegen wollten, ließ davon keinen Stein auf den anderen. Die Straßenbezeichnungen gaben Hinweise auf den Beruf der Anwohner oder hatten Bezug zur

Der Gasthof Hohe Lilie sah schon viele Gäste: Martin Luther, Schwedenkönig Gustav II. Adolf, Helmut Kohl – und mich. Vielleicht ja auch Sie?

#8 Domplatz und Brühl

Die Hohe Lilie am Domplatz

Handel wurde an dieser Stelle wohl schon im 8. und 9. Jh. getrieben. Wie Sie sich leicht vorstellen können, war dieser auch in alten Zeiten reglementiert. So durfte Fleisch eben nur auf den ›Fleischbänken‹ angeboten werden, Gemüse gab es hingegen auf dem ›Rübenmarkt‹ und auch das kostbare Salz wurde nur in einem bestimmten Bereich des Marktplatzes verkauft.

Lage der Gasse in einem bestimmten Bereich des Marktplatzes. Der Domplatz vor Dom und Severikirche wurde nun um einiges größer: Er umfasst heute knapp 4 ha.

Fast verraten oder hochoffiziell

Die schmalen Fachwerkhäuschen an der südöstlichen Seite, die hohen Giebel von Grüner Apotheke und Gasthof zur hohen Lilie verdienen Aufmerksamkeit. Unter dem Fußboden des **Hauses Domplatz Nr. 21** 1 wurde bei Bauarbeiten im Jahr 2000 ein Münzschatz gefunden, von dem heute 309 Münzen im Stadtmuseum Erfurt zu sehen sind. Sie wurden während der Belagerung Erfurts 1813 vergraben.

Im Gasthof **»Zur hohen Lilie«** 2 am Südrand des Domplatzes diskutierte am 2. März 1522 Martin Luther, inkognito als Junker Jörg, mit einem ›Pfaffen‹ und hätte sich beinahe um Kopf und Kragen geredet. Auch Gustav II. Adolf von Schweden wohnte hier, als er 1632 die Stadt besuchte. 1341 findet das Gasthaus eine erste Erwähnung und zählt somit zu den ältesten seiner Art Europas. Die Fassade entstand 1538 und erinnert an einen in Stein gehauenen Goldschmiedeschrank.

Kurzer Weg von der Gotik zur Moderne

Südlich am Domberg vorbei führt die Domstraße zum Stadtviertel Brühl, das zu den ältesten Siedlungsgebieten der Stadt zählt (Stadtbahnlinie 4: Haltestelle Theater). Im 19. und 20. Jh. war das Brühl von großen Industriebetrieben geprägt – die meisten von ihnen wurden am Ende des letzten Jahrhunderts jedoch abgerissen. Erster Industriebetrieb, der sich hier ansiedelte, war 1862 die Gewehrfabrik Saarn. Zu Beginn des 20. Jh. folgten Telefunken sowie die AEG, die hier unter dem Namen »Olympia« Schreibmaschinen produzierte. Nach dem Zweiten Weltkrieg wurden alle Betriebe verstaatlicht, als Optima und Funkwerk nahmen diese beiden Großbetriebe damals etwa 22 ha in Anspruch.

Kulturelle Frischzellenkur

Ende der 1990er-Jahre war das Brühl nur noch eine Industriebrache, die in den letzten Jahren jedoch re-urbanisiert wurde und sich zu einem

Domplatz und Brühl #8

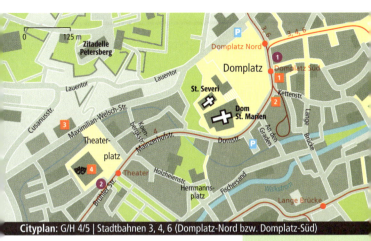

Cityplan: G/H 4/5 | Stadtbahnen 3, 4, 6 (Domplatz-Nord bzw. Domplatz-Süd)

modernen Stadtviertel entwickelt hat, in dem Kultur und Wohnen das Dröhnen von Maschinen abgelöst haben. Der Flusslauf des Bergstroms wurde renaturiert und heute bilden die moderne Architektur des Theaters Erfurt und der Geschäftshäuser einen herrlichen Kontrast zu den wenigen erhaltenen Industriebauten wie den einstigen Verwaltungsgebäuden in der Maximilian-Welsch-Straße und dem **Heizwerk** 3 gegenüber. Der Baukörper des Letzteren wurde erhalten und wird zurzeit für Konzerte genutzt. Andere ehemalige Werksgebäude wurden in den vergangenen Jahren zu Wohnungen umgebaut.

So ein Theater

Da die beiden Spielstätten der Städtischen Bühnen Erfurt (Schauspielhaus und Oper) Ende der 1990er-Jahre wegen erheblicher Baumängel geschlossen werden mussten, wurde ein Theaterneubau erforderlich, der 2003 zu einem glücklichen Ende gebracht werden konnte. Die äußere Bauhülle des **Theaters Erfurt** 4 umfängt eine voluminöse frei stehende Rundskulptur im Inneren (den Zuschauerraum mit 800 Plätzen), die vom Foyer aus über Brücken zu erreichen ist. Der heutige Theaterplatz existiert erst seit der Umgestaltung des Brühls. Bei den umfangreichen Bauarbeiten wurde auch ein Stück der einstigen Stadtbefestigung freigelegt.

INFOS/ÖFFNUNGSZEITEN
Theater Erfurt 4:
▶ S. 108

KAFFEEPAUSE
Der Rücken schmerzt, die Füße qualmen? Eine kurze Pause am Rande des Domplatzes bei einem frisch gerösteten Kaffee im **Lecobo** 1 (Domplatz 16, www.lecobo.de) weckt die Lebensgeister! Oder Sie kehren im **DaVinci** 2 (Brühler Straße 60), dem »Italiener am Theater Erfurt« auf einen Cappuccino ein.

EINZIGARTIGE KULISSE
Für einige Wochen im Sommer werden die Domstufen zur Kulisse für die **Domstufenfestspiele** des Theaters Erfurt. Jedes Jahr eine Herausforderung an die Bühnenbauer und alle anderen Mitwirkenden. www.domstufen.de

 # 9

Barocke Kurven – **die Zitadelle Petersberg**

1000 Jahre klösterliche Einkehr und Ruhe. Und dann das: Ab 1664 ließ der Kurfürst und Erzbischof von Mainz auf dem einstigen Klosterareal Sankt Peter und Paul eine Festung errichten. Heute ist sie eine der wenigen erhalten gebliebenen innerstädtischen barocken Festungsanlagen in Europa – mit einem Park, der für alle Erfurter zur wunderbaren Oase geworden ist.

Im Schutz solch dicken Gemäuers lässt es sich am Fuße der Festungsmauern gut faulenzen – mit den Zaungästen, die von oben die Aussicht genießen, muss man allerdings leben können.

In einer Chronik des Petersklosters wird zwar das Jahr 706 als Gründungsjahr genannt, jedoch ist diese Behauptung eines Chronisten des 11. oder 12. Jh. nicht haltbar. Sicher ist, dass dieses Kloster der Benediktiner die erste Einrichtung solcherart in Erfurt war. Sicher ist auch, dass der Bau der Peterskirche im Jahr 1103 begonnen wurde und die Kirche der erste romanische Großbau in Thüringen

Zitadelle Petersberg #9

war. Und sicher ist, dass erstmals nach dem Vorbild des Klosters Hirsau gebaut wurde und weitere Bauten dieser Hirsauer Schule folgten, wie z.B. das Kloster Paulinzella. Bis in die zweite Hälfte des 17. Jh. waren die Benediktinermönche alleinige Nutzer des Petersberges. Weitläufige Klosteranlagen, Wirtschaftsgebäude und Konventsbauten, Gärten und Weinbauflächen prägten das Areal.

Die Zeiten ändern sich

Die Auswirkungen des Dreißigjährigen Krieges brachten für das protestantisch geprägte Erfurt die Verpflichtung, nach dem katholischen Glauben des Stadtherrn, Erzbischof und Kurfürst von Mainz, zu leben. Das passte besonders dem Erfurter Rat überhaupt nicht: Er verweigerte dem Stadtherrn den Gehorsam und dessen neu erworbene ›alte‹ Rechte. Über die Jahre führte dies zum Aussprechen der Reichsacht über die Stadt Erfurt, zur Belagerung durch kurmainzische Truppen und schließlich zur Kapitulation der Stadt am 5. Oktober 1664 »auf Gnade und Ungnade«. Noch im selben Jahr begannen die Planungen für einen Festungsbau auf dem Areal des Klosters Sankt Peter und Paul.

Bevor am 1. Juni 1665 der Grundstein für die Zitadelle gelegt wurde, schufen etwa 600 Arbeitskräfte Baufreiheit: Mehrere Häuser am Südhang des Petersberges wurden abgerissen, andere zu Soldatenunterkünften erklärt, die Treppe zum Kloster Sankt Peter und Paul abgebrochen und die Weinberge eingeebnet. Viele vom Kloster genutzte Flächen und Gebäude fielen dem Festungsbau zum Opfer.

Balkonien lockt in luft'ger Höh'

Der Aufstieg vom Domplatz zum Petersberg ist zugegebenermaßen beschwerlich, doch die Mühe lohnt! Zwischen den Bastionen Peter und Leonhard führt der Weg durch das **Peterstor** 1 des Kommandantenhauses auf das Plateau. Es wurde nach einem Entwurf des italienischen Festungsbaumeisters Antonio Petrini Ende der 1660er-Jahre fertiggestellt. Im Durchgang befindet sich die Wachstube, wo heute ein **Museum** die Geschichte der Zitadelle Petersberg erlebbar macht.

Warum der Petersberg im Volksmund auch ›Balkon der Erfurter‹ genannt wird, erahnen Sie

ES WAR

…einmal: Die Frühzeit des Petersberges wird von Placidus Muth, dem letzten Abt des Petersklosters, das 1803 säkularisiert wurde, folgendermaßen charakterisiert: »Der unter mehreren benachbarten uns umgebenden Bergen bequemere, und in jedem Verhältnisse seiner Lage, seines Umfanges und der mit dem Institute selbst beabsichtigten Kultur fruchtbarere Hügel, izt Petersberg genannt, hatte anfangs noch keine andere Bestimmung, als der Jagd und dem Wildfange zu dienen. Ein der deutschen Götterlehre geweihter Hayn ehrwürdiger Eichen bedeckte seinen Gipfel, und umschloß seine Abhänge gegen Mittag, wo der Gerastrom das sumpfige unfruchtbare Thal gegen Abend gegen Mitternacht zu noch ungebettet und reissend durchlief. Nur Thiere und häufige Wildkolonien zogen je zuweilen lüsterner und hungeriger Menschen in jenen Oeden des noch so genannten Hirschbrühls, ihrer Jagdbegierde oder den Bedürfnissen des Magens Befriedigung zu verschaffen.«

#9 Zitadelle Petersberg

Echte Romanik: die Klosterkirche Sankt Peter und Paul

an den Festungsmauern der **Bastion Leonhard** 2. Von hier haben Sie freie Sicht auf den Domplatz und die Altstadt. Über das freie Areal gelangen Sie zur ehemaligen **Klosterkirche Sankt Peter und Paul** 3. Die bewegte Geschichte des Petersbergs spiegelt sich in ihrer unterschiedlichen Nutzung wider: ehrwürdige Klosterkirche, Zeughaus, Notunterkunft, Turnhalle, Lager für Lebensmittel, Kunsthalle – jeder Hausherr auf dem Petersberg hinterließ seine Spuren. Die Kirche ist nur noch ein Torso, ihre zwei Türme sind durch einen Artilleriebeschuss im Jahr 1813 zerstört worden.

Die **Defensionskaserne** 4 ist einer der Hauptbauten aus der preußischen Herrschaftszeit in Erfurt. Das 170 m lange und fast 40 m breite Gebäude ist eine Festung in der Festung und diente als bombensichere Truppenunterkunft. Erbaut

INFOS

In der Touristinformation am Benediktsplatz (▶ S. 110) können Sie **Führungen** über und unter den Petersberg buchen (inkl. des Museums in der Wachstube). Meine Empfehlung: eine **Funzelführung** durch die Horchgänge in den Festungsmauern. Jeder Teilnehmer bekommt eine Taschenlampe, in deren Schein es durchs Innere des Mauerwerks geht.

KULINARISCHES FÜR ZWISCHENDRIN

Links vom Kommandantenhaus finden Sie die **Glashütte** 1 (Petersberg 11, T 0361 6015094, www.glashuette-restaurant.de, Mo–Fr 10–24, Sa, So 9–24 Uhr, warme Küche So–Do 11–22, Fr, Sa 11–23 Uhr, Kaffee und Erfrischungen, Frühstück, Snacks und Hauptgerichte): Hier können Sie bei einem Gläschen den super Blick von der Aussichtsterrasse genießen.

Cityplan: Karte 2, A/B 1–3 | Stadtbahnen 3, 4, 6 (Domplatz-Nord/Domplatz-Süd)

Zitadelle Petersberg #9

Riskieren Sie einen Blick über die Altstadt und in weite Ferne. Der Balkon der Erfurter macht's möglich.

wurde sie ab 1828. Durch den **Bürgerpark** 5 gelangen Sie zur **Unteren Kaserne** 6, in der heute die Außenstelle Thüringen des Bundesbeauftragten für die Stasi-Unterlagen untergebracht ist (▶ auch S. 53).

Alte und neue Bestimmungen

Das **Schirrmeisterhaus** 7 nutzten bereits die Benediktinermönche, sie errichteten das Gebäude um 1530 als Wirtschaftsgebäude. Ab 1665 war für die Festungsbesatzung hier die Marketenderei und der Schirrmeister hatte seine Diensträume in dem Haus.

Die **Neue Wache** 8 war Unterkunft für die Wachmannschaft der Zitadelle und Arrestanstalt. Sie wurde in den 1820er-Jahren errichtet und ersetzte die Wache im Tordurchgang des Kommandantenhauses. 1933, wenige Tage nach der Machtergreifung Hitlers, richteten die Nazis hier ein »Schutzhaftlager« für politische Gefangene ein. Auch die Stasi plante in den 1980er-Jahren, die Arrestanstalt als Bestandteil eines auf dem Petersberg vorgesehenen Internierungslagers für Oppositionelle, Andersdenkende und andere Missliebige zu nutzen.

Das **Kommandantenhaus** 9 gehört zu den ältesten Gebäuden der Festungsanlage und wurde zwischen 1665 und 1673 errichtet. Bis ins 20. Jh. hinein wurde das Kommandantenhaus militärisch genutzt, ab den 1950er-Jahren diente es der Pionierorganisation der DDR für die »klassenmäßige Erziehung und Bildung der Kinder«. Der erste Kasernenbau für ein stehendes Heer ist rechts neben dem Kommandantenhaus die **Kaserne A** 10. Sie wurde im letzten Viertel des 17. Jh. fertiggestellt. Das ist Vergangenheit: Heute sind Wohnungen in dem einstigen Kasernenbau eingerichtet.

S STREIT

…um die Kunst: In seiner wechselvollen Geschichte hat der Petersberg einige Kämpfe gesehen – und wieder geht es heute darum, wer welche Gebäude in welcher Form nutzen darf. Seit 1993 zeigte das **Künstlermuseum für Konkrete Kunst** (www.forum-konkrete-kunst-erfurt.de) in der ehemaligen Klosterkirche wechselnde Ausstellungen. Die Fortführung hängt jedoch in der Schwebe, eine Petition für den Erhalt wurde unterzeichnet. Viele Ideen gab und gibt es, doch Entscheidungen leider noch nicht. Auch die Nutzung der Defensionskaserne steht zur Disposition.

 # 10

Was vom Verrate übrig blieb – **Spuren der Stasi**

›Die Firma‹, ›Horch und Guck‹ – um mehr oder weniger höfliche Umschreibungen staatstragender Organe war der gemeine DDR-Bürger nie verlegen. Und so gab es auch einige Spitznamen für die Stasi, wie das Ministerium für Staatssicherheit in Kurzform genannt wurde.

Kurz vor der Eröffnung der neu gestalteten Gedenkstätte »verkleidete« der Erfurter Künstler Simon Schwartz das einstige Stasi-Gefängnis mit Comics.

Ebenfalls einfallsreich, aber weit weniger harmlos waren die Methoden der Stasi: Erfurt ist die einzige Stadt auf dem Gebiet der früheren DDR, in der es gelang, die geheimen Trefforte der Inoffiziellen Mitarbeiter (IM) der Stasi mit ihren Führungsoffizieren zu lokalisieren. Bisher konnten 483 konspirative Wohnungen identifiziert werden, die auf das gesamte Stadtgebiet verteilt waren. Führt

Spuren der Stasi #10

man sich diese Zahl vor Augen, wird deutlich, wie dicht das Netz der Überwachung und Bespitzelung geknüpft war.

In den Räumen der **Landesbehörde Thüringen des Beauftragten für die Stasi-Unterlagen** 1 auf dem Petersberg ist eine Dauerausstellung zu besichtigen, die Einblicke in die Arbeitsweise des Ministeriums für Staatssicherheit (MfS) gestattet. Schwerpunkte sind unter anderem die Geschichte des MfS, die Transitüberwachung, die Sicherung der deutsch-deutschen Grenze sowie Ausstellungsstücke, die verdeutlichen, wie die Stasi bei der Bespitzelung der Bürger vorging.

Was mit Menschen geschah, die der Stasi in die Quere kamen oder einfach nicht ins »System passten«, wird bei einem Besuch des ehemaligen **Stasi-Untersuchungsgefängnisses** 2 in der Andreasstraße am Fuße des Petersbergs klar: Hier werden die Leiden der Inhaftierten spürbar. Mehr als 5000 Menschen waren hier zwischen 1952 und 1989 eingesperrt. Das Gebäude war als Gerichtsgefängnis ab 1874 errichtet worden und wurde bis 2002 als Haftanstalt genutzt. Die 2013 eröffnete Dauerausstellung zeigt die Unterdrückung durch das SED-Regime, aber auch den Widerstand der Erfurterinnen und Erfurter.

Viel Lärm um nichts

Von der U-Haft der Stasi nicht weit entfernt, finden Sie bereits die ersten konspirativen Wohnungen. In der **Andreasstraße 33** 3 hatte ein Handwerker neben seiner Werkstatt einen Verkaufsraum, den er nur einmal in der Woche nutzte. Einen seiner Gewerberäume stellte er der Stasi zur Verfügung und wählte seinem Handwerk entsprechend den Decknamen »Glas«.

Für alle konspirativen Treffpunkte musste zur Tarnung eine ›Legende‹ geschaffen werden. In diesem Fall war es die Arbeiter- und Bauerninspektion (ABI, sie sollte die Erfüllung der Wirtschaftspläne kontrollieren), die das Zimmer nutzte. Ein entsprechendes ›unauffälliges‹ Schild wurde draußen angebracht, die Wände des Zimmers mit passenden Postern dekoriert und Werbematerial ausgelegt. Der Führungs-IM mit Decknamen »Hochhaus«, offiziell ein ehrenamtlicher Mitarbeiter der ABI, sollte sich hier mit sechs IM treffen. Allerdings kam es dazu nie.

WIE BITTE?

Vasen mit großen Ohren: Auch vor dem Dienstzimmer des Oberbürgermeisters im **Rathaus** am Fischmarkt machte die Neugier der Stasi nicht Halt. Als nach der Kommunalwahl im Mai 1990 der neu gewählte Oberbürgermeister sein Dienstzimmer in Besitz nahm, fielen ihm zwei große Porzellanvasen mit Deckel auf. Da einer davon einen Riss aufwies, sollte er repariert werden. Doch er ließ sich nicht abnehmen. Nur unter größten Anstrengungen gelang es, die Vase zu öffnen und zum Vorschein kam eine Abhöranlage. Ob diese erst vor Kurzem installiert worden war oder bereits vor der Wende Gespräche aus diesem Dienstzimmer an große Ohren weiterleitete, kann niemand sagen.

#10 Spuren der Stasi

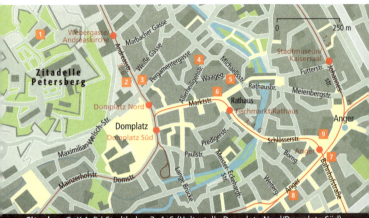

Cityplan: G–K 4–5 | Stadtbahn: 3, 4, 6 (Haltestelle Domplatz-Nord/Domplatz-Süd), alternativ 3 und 6 bis Webergasse/Andreaskirche

INFOS/ÖFFNUNGSZEITEN

Stasi-Informations- und Dokumentationszentrum 1: Petersberg, Haus 19, www.bstu.bund.de, tgl. 9–18 Uhr, Eintritt frei. Geführte Rundgänge durch die Ausstellung sollte man vorab vereinbaren unter T 0361 55 1 90.
Gedenk- und Bildungsstätte Andreasstraße 2: Andreasstr. 37a, Führungen vereinbaren unter T 0361 21 92 12 17, www.stiftung-ettersberg.de/andreasstrasse, Di, Do 12–20, Fr–So, Fei 10–18 Uhr, Erw. 2 €, erm. 1 €, Führung So 14 Uhr und nach Vereinbarung

Keine Kunst: Geschäfte mit der Stasi

Durch die Marktstraße gelangen Sie zur Allerheiligenstraße 11, einem der ältesten Häuser Erfurts. Im **Haus zum Güldenen Stern** 4 wurde im Jahre 1473 der erste Druck nach Gutenbergs Art in Erfurt gefertigt. Zu Beginn der 1980er-Jahre hatte ein Erfurter Künstler hier sein Atelier und stellte es der Stasi zunächst für Beobachtungszwecke zur Verfügung. Später gab »Johannes« auch Berichte über den Verein Bildender Künstler, dessen Mitglied er war, an die Stasi weiter. Anfang 1988 musste die Stasi davon ausgehen, dass dieser Treff- und Beobachtungspunkt enttarnt worden war und gab ihn auf.

Schnaps und Kippen für 95 Mark

Im **Haus Michaelisstraße 5** 5 befand sich seinerzeit ein Gästehaus eines Volkseigenen Betriebs. Die günstige Lage im Stadtzentrum und die Tatsache, dass das Objekt von mehreren Seiten unbeobachtet zu erreichen war, machten es für die Stasi besonders interessant. Der Deckname »Kugel« wurde sicher in Anlehnung an die benachbarte Gaststätte Feuerkugel gewählt.

Die konspirative Wohnung, ein Zimmer in der ersten Etage, nutzte die Stasi für Werbegespräche und Aussprachen. Penibel wurde nicht nur über alle Vorgänge in den konspirativen Wohnungen Buch geführt, sondern auch über finan-

Spuren der Stasi *#10*

zielle Aufwendungen. So belegt eine Quittung vom 24. Oktober 1988, dass für 95 DDR-Mark drei Flaschen Weinbrand und Zigaretten gekauft wurden.

Roland geht baden

Über viele Jahre, von 1969 bis 1986, wurde die konspirative Wohnung »Roland« im Hinterhaus der Adresse **Fischmarkt 12** 6 genutzt. Offizieller Mieter war das »Büro für Wirtschaftsforschung Berlin, Außenstelle Erfurt«. Hier trafen sich 14 IM mit ihren Führungskräften. Wasserrohrbrüche machten im Januar 1982 die Nutzung der Büroräume allerdings unmöglich. Ein Schreiben der Stasi bzw. des ›Büros für Wirtschaftsforschung‹ verdeutlichte das Ausmaß und die Konsequenzen: »Infolge (...) Wasserrohrbruchs (...) sind die durch unsere Einrichtung genutzten Gewerberäume so stark in Mitleidenschaft gezogen worden, dass sie durch die Staatliche Bauaufsicht (...) für eine weitere Nutzung gesperrt werden musste. Es wird daher dringend um die Bereitstellung von Gewerberaum gebeten.« Da der bauliche Zustand nicht verbessert werden konnte, musste die Stasi die konspirative Wohnung 1986 aufgeben.

Im Kunsthaus Erfurt setzte sich auch eine Ausstellung mit dem Thema »Konspirative Wohnungen« auseinander. An einer Dokumentation über die geheimen Treffpunkte der Stasi in Erfurt waren deutsche und britische Künstler beteiligt.

#10 **Spuren der Stasi**

Exponat der Dauerausstellung in der Stasi-Unterlagen-Behörde auf dem Petersberg: Geruchskonserve. Heute kann man sich kaum noch vorstellen, dass die Stasi tatsächlich mit solchen Methoden arbeitete.

Dass es auch in der DDR ein Postgeheimnis gab, kümmerte die Stasi wenig: Absender und Empfänger aller Postsendungen, egal woher und wohin, wurden mit Schriftproben verdächtiger »feindlich-negativer Kräfte«, so der Fachjargon, verglichen. Besonders Briefe aus und nach Westdeutschland wurden »auf verdächtige Inhalte« hin überprüft. Die »Brieföffner« der Abteilung M arbeiteten in Erfurt direkt im **Hauptpostgebäude** 9 über dem heutigen Drogeriemarkt.

Enttarnt!

Unmittelbar an der Kreuzung Bahnhofstraße/Anger war 1984 im **Haus Bahnhofstraße 1** 7 eine konspirative Wohnung mit dem Decknamen »Arbeit« eingerichtet worden. Im Verlauf der folgenden Jahre trafen sich hier die Führungskräfte mit nicht weniger als 34 IM der Stasi. Im März 1989 flog »Arbeit« auf: Ein inoffizieller Mitarbeiter berichtete, dass es in der Redaktion der Tageszeitung »Das Volk«, die im selben Gebäude untergebracht war, Mutmaßungen gegeben habe, dass die Stasi hier ein- und ausginge.

Ein Hafen in Erfurt

Mit der konspirativen Wohnung »Hafen« im **Haus Anger 26** 8 gelang es der Stasi tatsächlich, einen enttarnten geheimen Treffpunkt mit neuer Legende weiter zu betreiben. 1979 waren hier angeblich Büros des VEB Chemiekombinat Bitterfeld, der Deckname lautete »Zentrum«. 1982 ›übernahm‹ die Staatliche Archivverwaltung Potsdam die Räume. Eine Kleinigkeit vergaßen die Stasi-Mitarbeiter: das Klingelschild auszuwechseln. Neben dem Firmenschild »Archivverwaltung« prangte »Chemiekombinat Bitterfeld«.

Vermutungen, dass die Stasi hier residierte, kursierten in der Folge rasch in der Nachbarschaft. Die Meldeordnung der DDR verpflichtete alle Hausbesitzer oder -verwalter, ein Hausbuch zu führen, in dem sämtliche Mieter und Untermieter mit Namen, Lebensdaten und Beruf registriert wurden. Dass die vermeintlichen Mitarbeiter der Archivverwaltung sich für »nicht zuständig« erklärten, kam der Hausbuchverantwortlichen, einer resoluten älteren Dame, spanisch vor und sie drohte mit der Polizei.

Der zuständigen Stasi-Abteilung erschien es ratsam, die konspirative Wohnung »Zentrum« aufzugeben. Nun wurde ein öffentlichkeitswirksamer Auszug veranstaltet, doch nur um gleich wieder einzuziehen, diesmal als »Außenstelle Erfurt des VEB Kombinat Seeverkehr und Hafenwirtschaft, Abt. Deutfracht/Seereederei«. Diese Rochade gelang: Die konspirative Wohnung, nun mit dem Decknamen »Hafen«, in der vor allem operative Ermittler der Abteilung VIII (Observationen, Ermittlungen, Festnahmen) tätig waren, wurde bis zur Auflösung des Staatssicherheitsdienstes genutzt.

Auf Luthers Spuren – rund um das Augustinerkloster

11

Luther ohne Erfurt oder Erfurt ohne Luther? Beides ist nicht recht denkbar. Hier genoss Luther ab 1501 das süße Studentenleben und schloss sein Studium am Collegium maius dennoch mit Bestnoten ab. Hier hängte er, dem Wunsche des Vaters folgend, noch das Jurastudium dran. Und hier trat er 1505 ins Kloster ein.

Grund dafür war das ›Gewittererlebnis‹: Er geriet am 2. Juli 1505 in der Nähe des Dorfs Stotternheim in ein Unwetter und betete zur hl. Anna, er wolle fortan als Mönch leben, käme er mit heiler Haut davon. Das tat er bekanntlich und so trat er am 17. Juli 1505 in das **Augustinerkloster** 1 ein. Nach der Novizenzeit wurde er in den Augusti-

Im Angermuseum hängen sie einträchtig beieinander: das »Bildnis Martin Luthers« und das »Bildnis der Katharina Luther«. Beide Bilder sollen vom Meister Cranach d. Ä. selbst oder einem seiner Schüler stammen.

#11 Augustinerkloster

Auch in politischer Hinsicht ist die Augustinerkirche ein Zeuge der Geschichte. Hier fand 1850 das sogenannte Unionsparlament statt. Dieser erste Versuch, die Kleinstaaterei in Deutschland zu überwinden und ein einheitliches Staatsgebilde zu schaffen, scheiterte zwar, dennoch ist dieses Unionsparlament von Bedeutung: Otto von Bismarck trat hier als Abgeordneter erstmals aufs politische Parkett.

nerorden aufgenommen und erhielt 1507 seine Priesterweihe in der Kilianskapelle im Dom zu Erfurt. Die Mönchszelle im Augustinerkloster, in der Luther studierte, sowie zahlreiche Dokumente und Gegenstände aus Luthers Zeit sind in einer kleinen **Ausstellung** im ersten Stockwerk des Klosters zu sehen.

Hauch der Geschichte

Die **Augustinerkirche** 2, in der Luther am 2. Mai 1507 seine erste Messe las, gehört zu den ältesten Kirchenbauten der Stadt. Die Augustinereremiten kamen 1266 nach Erfurt und begannen zehn Jahre später mit dem Bau der Kirche. Besonders die farbigen Fenster aus dem 14. Jh. sind sehenswert.

Zahlreiche Grabmale bedeutender Persönlichkeiten sind im Kircheninneren zu finden, u. a. die Grabplatte des Erfurter Theologieprofessors Johannes Zacharias (1362/64–1428), der den Vorreformator Jan Hus der Ketzerei beschuldigte. »Heute bratet Ihr eine Gans, aber aus der Asche wird ein Schwan entstehen«, soll Hus, dessen Name auf Deutsch Gans heißt, vor seiner Verbrennung gesagt haben. Auf der Grabplatte eben jenes Zacharias liegend, sprach Martin Luther sein Ordensgelübde. Später brachte man den Reformator mit

---

INFOS/ÖFFNUNGSZEITEN
Augustinerkloster 1/**Augustinerkirche** 2: www.augustinerkloster.de,

Führung ab Klosterstube Mo–Sa 11, 13 und 15 Uhr, Erw. 7,50 €, Gruppen nach Anmeldung
Bibliothek: Mo 14–18, Di, Mi 8–18, Do, Fr 10–13 Uhr
Georgenburse 3: Führungen auf Anfrage bei Axel Große vom Evangelischen Augustinerkloster unter T 0361 576 60 94, E-Mail: axel.grosse@augustinerkloster.de
Michaeliskirche 5: Aktuelles unter: www.stadtmission-erfurt.de

---

ÜBERNACHTEN IM KLOSTER
Heute können im Kloster gestresste Zeitgenossen in klösterlicher Abgeschiedenheit Ruhe finden (▶ S. 89).

Cityplan: Karte 2, C/D 1/2 | Stadtbahn: 1 und 5 (Augustinerkloster)

Augustinerkloster *#11*

Wertvolle und einzigartige Handschriften und Bücher bieten in der Bibliothek Einblick in die Vergangenheit. Die Hand gehört übrigens zum Bibliotheksleiter Dr. Michael Ludscheidt, dem Herrn über 60 000 Bände.

dem Schwan in Verbindung, weshalb er gerne mit diesem Tier dargestellt wird.

Schrein des Geschriebenen

Seit August 2010 beherbergt der Neubau der **Bibliothek des evangelischen Ministeriums** auf dem Gelände des Klosters rund 13 000 Handschriften und Drucke aus der Zeit vor 1850. Insgesamt umfasst ihr Bestand ungefähr 60 000 Werke.

Im Keller befindet sich eine Erinnerungsstätte für die Opfer des Bombenangriffs vom 25. Februar 1945, bei dem die alte Bibliothek zerstört wurde und 267 Menschen den Tod fanden. Heute sind vom Gebäude vom Anfang des 16. Jh. nur noch Ruinen zu sehen.

›O'zapft is‹ auf Thüringisch

Die Studenten der Alten Erfurter Universität waren in sogenannten Bursen untergebracht, die nicht nur Unterkunft, sondern auch Lehr- und Lernort waren. Hier fanden Vorlesungen und Seminare statt. Martin Luther wohnte ab 1501 in der **Georgenburse** 3, in deren Erdgeschoss heute eine Dauerausstellung zum studentischen Leben im Mittelalter zu sehen ist.

Weiter die Augustinerstraße entlang und nach links in die Michaelisstraße abbiegend, kommt man nach wenigen Metern zum **Haus zur Arche Noae und Engelsburg** 4. Hier wohnte der zweite Rektor der Alten Erfurter Universität, Amplonius Rating. Eine Anekdote, die von einem nicht immer respektvollem Umgang der Studenten mit ihren Lehrern zeugt, betrifft ein Weinfass, an dessen Vorderseite ein Professor mit Kreide schrieb »Hier ist nicht zapf!«. Seine Studenten zapften deshalb an der Rückseite und konterten: »Hier ist zapf!« Heute dient das Gebäude der Neuen Erfurter Universität als Gästehaus.

ÜBRIGENS

Er habe hier die Grundlagen seines Denkens gefunden, sagte Martin Luther selbst über seine Zeit in Erfurt. Bis 1511 weilte er in der Stadt, verließ sie dann aber und begab sich nach Wittenberg, wo er zum Doktor der Theologie promovierte und am 31. Oktober 1517 seine 95 Thesen an die Tür der Wittenberger Schlosskirche genagelt haben soll.

#11 Augustinerkloster

Sehr spartanisch geht es in der Zelle Martin Luthers zu. Hier las er in der Bibel, studierte Texte und meditierte.

Eine Kirche für die Uni

Schräg gegenüber steht die **Michaeliskirche** 5. Einst – und nun wieder – Universitätskirche, ist sie eine weitere bedeutende Lutherstation. Hier besuchte dieser als Student Gottesdienste, hier predigte er, als er auf dem Weg nach Worms durch Erfurt kam. Die Errichtung der Michaeliskirche geht auf eine Stiftung reicher Erfurter Bürger zurück, die Ende des 12. Jh. den Bau ermöglichten. Zwischen 1278 und 1290 bekam dieser sein heutiges Erscheinungsbild als Saalkirche mit Spitztonnengewölbe.

Als Altar dient das nach dem Zweiten Weltkrieg aus der Predigerkirche hierherversetzte Barockepitaph des Ratsmeisters Heinrich Ilgen. Die farbigen Glasfenster in der Südwand des Baukörpers, links das »Liebesfenster« und rechts das »Wallenberg«-Fenster (Raoul Wallenberg rettete während der Naziherrschaft vielen Juden das Leben) stammen aus dem 20. Jh. Im Kirchenraum ist an einer Säule das aufwendig restaurierte Fresko von Johannes zu sehen. Auch die Figur des hl. Michael ist sehenswert.

Dieses Gotteshaus klingt

Der Grundriss der Kirche folgt dem Straßenverlauf und bildet ein unregelmäßiges Pentagon. Der unscheinbare Turm beherbergt die älteste Glocke Erfurts, die Katharina, von 1380. Noch heute wird sie regelmäßig geläutet. Die Kirche ist besonders durch die Compenius-Orgel bemerkenswert, eine der wenigen barocken Orgeln in Erfurt, deren Prospekt erhalten blieb. Es finden oft Orgelkonzerte statt und besonders die mittäglichen Konzerte sind eine beliebte Ruhepause im Alltag.

Über den Kirchhof gelangen Sie zur **Dreifaltigkeitskapelle,** die Johannes Bonemilch von Laasphe im Jahr 1500 errichten ließ. Bonemilch war Rektor der Alten Erfurter Universität und später auch Weihbischof in Erfurt. 2011 wurde ein neues Fenster in diesen besondere Ruhe ausstrahlenden Raum eingebaut, es stammt von dem Glaskünstler und Maler Wolfgang Nickel und versinnbildlicht die Dreifaltigkeit. Der **Kirchhof** ist eines der schönsten Zeugnisse spätgotischer Baukunst in Erfurt. Umrahmt wird er von Grabplatten, die ältesten stammen aus dem 17. Jh. Im Sommer finden hier regelmäßig Abendkonzerte statt.

> ▶ INFOS
>
> Im **Reformationsjahr** 2017 kommt man in Erfurt an Luther noch viel weniger vorbei als ohnehin schon. Wer es 2017 nach Erfurt schafft, kann nicht nur die hier beschriebenen und bekannten Wirkungsstätten Luthers besuchen, sondern auch bis Ende des Jahres eine Sonderausstellung im Stadtmuseum sehen, Lesungen und Vorträge besuchen, auf dem Lutherweg pilgern und vieles mehr. Erste Auskunft gibt die Website www.erfurt-tourismus.de. Weiteres sowie jede Menge Hintergründe bieten die Portale www.wegezuluther.de und www.luther2017.de Und natürlich ist auch das Augustinerkloster mit von der Partie: www.augustinerkloster.de/luther-2017-reformation/

Geschichte hautnah – **das Stadtmuseum Erfurt**

 # 12

Verstockt? Nein, ausgesprochen auskunftsfreudig über die knapp 1300-jährige Historie Erfurts gibt sich das Stadtmuseum im Haus zum Stockfisch. Jedenfalls, wenn Sie sich nicht zu sehr vom Haus selbst, einem der schönsten Baudenkmäler Erfurts, ablenken lassen.

Vielleicht hat Paul Ziegler, Waidhändler und Biereige, der 1607 das **Haus zum Stockfisch** 1 in der Johannesstraße erbauen ließ, ja gerne Stockfisch gegessen. Oder damit seine Brötchen verdient, schließlich waren die getrockneten Meeresfische ein beliebtes Fernhandelsgut in Mittelalter und Neuzeit. Das Gebäude, das er als Wohn- und Geschäftshaus auf einem romanischen Keller im

So ändern sich die Zeiten: Der 35-mm-Filmprojektor gehörte einst zur Ausstattung des Alhambra-Kinos in Nachbarschaft des Stadtmuseums.

#12 Stadtmuseum

INFOS/ÖFFNUNGSZEITEN
Stadtmuseum 1: Johannesstr. 169, www.stadtmuseum-erfurt.de, Di–So 10–18 Uhr, Erw. 6 €, erm. 4 €, Familienkarte 13 €, erster Di im Monat freier Eintritt. Wechselnde Sonderausstellungen und Führungen.

EIN STÜCK WIEN IN ERFURT
Café Rommel 1: Johannesstr. 34, T 0361 65 78 13 02, www.cafe-rommel-erfurt.de, Di–Sa 9–22, So 10–18 Uhr

Cityplan: Karte 2, E2 | Stadtbahn: 1, 5 (Stadtmuseum/Kaisersaal)

▶ **INFOS**

Einige Nebeneinrichtungen gehören ebenfalls zum Stadtmuseum: das **Druckereimuseum** im Benary-Speicher (▶ S. 78), der **Erinnerungsort Topf & Söhne** (▶ S. 79), der **Luftschutzkeller** im Wigbertihof (▶ S. 79), das **Museum Neue Mühle** (bis auf Weiteres wegen Bauschäden geschl.) und auch der **Bartholomäusturm** (▶ S. 81).

Stil der Spätrenaissance errichten ließ, lag zwar innerhalb der Stadtmauern, aber deutlich am Rande der mittelalterlichen Stadt. Die aufwendig gestaltete Fassade gehört zu den bedeutenden Baudenkmälern der Epoche in Erfurt. Eine Art Schachbrettmuster verziert die gesamte Erdgeschosszone. Der zweigeschossige Erker und das Portal sind prächtig geschmückt und das Hauszeichen, der Stockfisch, prangt deutlich erkennbar über dem Eingangsportal.

Gollum lässt grüßen

Im Kellergeschoss zeigt die Ausstellung »Ansichtssache Schatz« archäologische Funde vom ältesten Faustkeil bis zu den Relikten der letzten Jahre. Hier ist auch der umfangreiche Münzschatz zu sehen. In einem Gewölbekeller wird der Film »Steinerne Chronik« gezeigt, der im Zusammenspiel von Computeranimation, Luftbildaufnahmen, Filmeinspielungen und Fotos einen kurzweiligen Überblick zur Erfurter Stadtgeschichte vermittelt. Der Schwerpunkt liegt auf der baulichen Stadtentwicklung, in der sich die Historie Erfurts über Jahrhunderte spiegelt.

Das Erdgeschoss ist der Geschichte der spätmittelalterlichen Stadt vorbehalten. Hier wird die weitgehend autonome Metropole Thüringens, damals eine der größten Städte Deutschlands, in ihrer ganzen Macht und Pracht wieder erlebbar. Die zur früheren Ausstattung des Rathauses gehörenden großen Setzschilde und Rundbilder, die riesige Armbrust und das Ratssilber sowie die Nachbildung des Eingangsportals sind zu sehen. Neben einer Reihe wertvoller Exponate können Sie sich auch in zahlreiche historische Dokumente wie Urkunden und Handschriften vertiefen.

Das »Spiel der Mächte« verdeutlicht das außenpolitische Spannungsfeld Erfurts zwischen Kaiser, Mainzer Erzbischof und sächsischem Kurfürst. Die Darstellung der mittelalterlichen Stadt als »sakrale Gemeinschaft«, in der weltliche und kirchliche Sphäre aufs Engste verbunden waren, bildet einen weiteren Schwerpunkt. Die vielen Kirchen und Klöster mit ihren Schätzen ließen Erfurt zum ›thüringischen Rom‹ werden, in dem der junge Martin Luther entscheidende Anregungen für sein späteres reformatorisches Wirken erhalten hat.

Eine Stadt verändert sich

Das zweite Obergeschoss ist der jüngeren Geschichte vorbehalten: »Metamorphosen einer Stadt – Erfurt von 1815 bis 1990« stellt die Erfurter Stadtgeschichte im 19. und 20. Jh. als Musterbeispiel für den radikalen Wandel von Stadtbild und Lebenswelt im Zeitalter der Moderne dar. Am Beginn steht der Wechsel des Landesherrn zu Beginn des 19. Jh. – Erfurt gehörte fortan bis 1945 zu Preußen. Dessen Weg in die Moderne führte vom Provinzstädtchen mit 16 700 Einwohnern (1802) zur pulsierenden Großstadt mit 100 000 Einwohnern 1906. Die mit dem Anschluss an das Eisenbahnnetz 1847 beschleunigt einsetzende Industrialisierung prägte die Stadt bis zum Ende der DDR-Zeit. Mit den Exponaten zur friedlichen Revolution 1989/90 endet die Ausstellung.

Das **Museumskino** mit der originalen Ausstattung des ehemaligen Alhambra-Filmtheaters, das sich in unmittelbarer Nachbarschaft des Stadtmuseums in der Johannesstraße 164 befand, sowie das große Modell der Stadt kurz vor der Entfestigung 1873 sind die Publikumsmagneten im Obergeschoss.

> AUSSERHALB

Auch die **Wasserburg Kapellendorf,** etwa 40 km östlich von Erfurt gelegen, ist Teil des Stadtmuseums und bietet Gelegenheit für einen netten Ausflug: Von der Mitte des 12. Jh. errichteten Burganlage sind Reste der Wehrmauer, des Palas sowie der Stumpf des Bergfrieds erhalten. Seit 1348 gehört die Burg der Stadt Erfurt. (Burgplatz 1, T 03 64 25 22 48 5, www.stadtmuseum-erfurt.de, Burggelände Mo 10–16, Di–So 10–17 Uhr, Burgmuseum Di–So 10–12, 13–17 Uhr, Erw. 4 €, erm. 2,50 €)

Diese Investition zahlte sich garantiert aus: Mit dem Erwerb der Wasserburg Kapellendorf durfte die Stadt Erfurt eigene Münzen prägen.

13

Historisch Bummeln – der Anger

Barocke Pracht hier, gotische Schlichtheit dort. Immer wieder Jugendstil, in der Nachbarschaft auch moderne Bauten. Zwischendrin erfrischen Wasserspiele und spenden Bäume Schatten. Ihr Portemonnaie wird den Anger allerdings nicht besonders mögen: Hier lässt es sich nämlich auch ganz fantastisch shoppen.

So sah der Anger in den 1920er-Jahren aus – kein Vergleich zu heute! Trotzdem finden Sie noch viel historische Bausubstanz.

Dabei sind die Zeiten, in denen hier das ›Goldene Vlies Thüringens‹ gehandelt wurde, vorbei: So nannte man die Färbepflanze Waid (▶ S. 33), deren Hauptumschlagsplatz der Anger im Mittelalter war. Bereits Ende des 12. Jh. urkundlich erwähnt, war er als Marktplatz überregional bedeutend. Etwas fürs Auge sind die den Platz säumenden Gebäude aus vielen Jahrhunderten. Die großen Geschäftshäuser und Zweckbauten wie

die Kaiserliche Oberpostdirektion stammen aber überwiegend aus der Zeit um die Wende vom 19. zum 20. Jh. Ein bisschen Jugendstil, ein bisschen Historismus, doch immer auf Grundmauern, die viel älter sind. Barocke Originale sind die Gebäude des Angermuseums sowie der Buchhandlung Peterknecht bzw. des Juweliers Jaspers (Anger 28).

Für den Anfang etwas Gotik

Die **Kaufmannskirche** 1, im späten 13. Jh. begonnen und dem hl. Gregor geweiht, dominiert das Nordostende des Angers. Hier predigte Martin Luther am 22. Oktober 1522 – und steht heute verdenkmalt vor der Kirche. Der Hochaltar, von Hans Friedemann um 1625 geschaffen, zeigt zentral ein Abendmahlsgemälde und überstrahlt mit seiner Pracht fast den gesamten Kirchenraum. Den Fuß des Taufsteins von 1608 umsäumen Propheten des Alten Testaments. Die Kanzel ist eine gemeinsame Arbeit von Hans Friedemann d. Ä. und Hans Friedemann d. J. (1598). Sie ist eine bildliche Darstellung der evangelischen Lehre. Die Rühlmann-Orgel (1911) mit dem erhalten gebliebenen barocken Prospekt von 1686 erklingt regelmäßig bei Konzerten. Epitaphe bekannter Erfurter Persönlichkeiten schmücken die Wände des Kirchenraums.

Martin Luther auf dem Sockel: Hier steht er nun und kann nicht anders.

Eine mehr als 100 Jahre alte Stilikone

Das Jugendstil-Gebäude am **Anger 1** stammt von 1908 und war als Kaufhaus Römischer Kaiser ein Sinnbild der Einkaufskultur des frühen 20. Jh. Der Name geht auf das Gasthaus an gleicher Stelle zurück, welches 1907 durch ein Feuer zerstört wurde. Heute ist der **Anger 1** ein Einkaufszentrum und lässt den Luxus erahnen, den dieses Haus dereinst ausgestrahlt haben muss. Die jüdischen Besitzer des Kaufhauses, die Brüder Georg und Martin Tietz, und ihre Geschäftspartner Artur Arndtheim und Siegfried Pinthus wurden 1937 enteignet. Ab 1948 zunächst Konsum-Kaufhaus, später HO-Warenhaus – beides staatliche Handelsorganisationen der DDR – und ab 1965 Centrum-Warenhaus: Jährlich kamen etwa 9 Mio. Kunden hierher und standen nicht immer vor vollen Regalen.

1991 übernahm Hertie das Kaufhaus. Dies war gleich in doppelter Hinsicht ein Schritt zurück zu

Promi-Alarm: Nicht nur mit Luther, sondern auch mit dem Namen der Musikdynastie Bach ist die Kaufmannskirche eng verbunden. Johann Sebastian Bachs Eltern ließen sich 1668 hier trauen – und elf weitere Bache. Außerdem wurden sage und schreibe 61 Kinder aus der weit verzweigten Familie in dem Gotteshaus getauft.

NOCH WAS

Alles nur Fassade? Das Bedürfnis der Bauherren der vergangenen Jahrhunderte, ihre Bauten zu verzieren, scheint immens gewesen zu sein. Da in Erfurt zahlreiche Häuser aus Gotik, Renaissance und späteren Architekturepochen erhalten geblieben sind, können Sie beim Bummel durch die Altstadt Fabelwesen, allegorische Darstellungen und allerhand Vertreter aus dem Tierreich an den Hauswänden entdecken. Halten Sie die Augen offen und richten Sie des Öfteren den Blick mal nach oben. Schon das Gebäude des **Hauptpostamts** am Anger ist eine Augenweide: Da sehen Sie Hermes, den Götterboten mit einem Einschreiben, Ballons, Pferde, Brieftauben und zuckende Blitze – alle Darstellungen haben irgendetwas mit dem Postwesen zu tun.

den Wurzeln: Das Gebäude kam wieder in den Besitz der Familie Tietz und knüpfte an die guten Traditionen als erstes Haus am Platz an. Nach den Umbau- und Renovierungsarbeiten zur Einkaufsgalerie Anger 1 im Jahr 2000 wuseln nun täglich rund 30 000 Besucher durch die vier Etagen mit einer Verkaufsfläche von 23 000 m².

Von Nonnen und hohen Herren

Das **Ursulinenkloster** 2 ist das einzige Kloster in Erfurt, in dem heute noch Ordensschwestern leben. Bis 1198 war das Kloster von Augustinerchorfrauen bewohnt, dann folgten Magdalenerinnen. 1667 kamen die ersten Ursulinen in die Stadt. Kirche und Konventsgebäude stammen ursprünglich aus der Mitte des 12. Jh., wurden aber mehrmals bei Bränden beschädigt und wieder aufgebaut.

Das **Haus zur Grünen Aue und zum Kardinal** 3 (Anger 6) gehörte Anfang des 19. Jh. dem Tabakfabrikant Triebel. Als 1808 Napoleon zum Fürstenkongress einlud, bezog Zar Alexander I. von Russland hier Quartier. Die beiden Giebelfiguren, vom Erfurter Bildhauer Christian Paschold gefertigt, stellen die Siegesgöttin Nike und die Göttin der Morgenröte, Aurora, dar.

Hohen Besuch bekam einst auch das **Haus zum Schwarzen Löwen** 4 (Anger 11): Hier befand sich während des Dreißigjährigen Krieges die Kommandantur der schwedischen Truppen. So wohnte Eleonore von Schweden 1631 und 1632 in dem einstigen Biereigenhof, der 1577 im Stil der Renaissance erbaut worden war, und erhielt hier auch die Nachricht, dass ihr Gatte,

Sehenswert! Erich Heckels »Lebensstufen« ist eine der wichtigsten erhaltenen expressionistischen Wandmalereien in Deutschland.

Anger *#13*

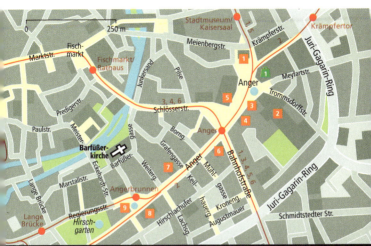

Cityplan: Karte 2, C–E 3 | Stadtbahnen 1 und 5 (Stadtmuseum/Kaisersaal); alternativ 1, 3, 4, 5, 6 bis Anger

Schwedenkönig Gustav II. Adolf, in der Schlacht bei Lützen am 16. November 1632 gefallen war.

Dominant auf dem östlichen Anger erscheint das Gebäude der **Kaiserlichen Oberpostdirektion** 5, das ab 1882 in neogotischem Stil errichtet wurde. Betrachten Sie einmal aufmerksam die zwischen den Fenstern befindlichen bildlichen Darstellungen. Briefe und Pakete kann man bis heute hier aufgeben.

Museumsreif im besten Sinne

Das massige Gebäude des sehenswerten **Angermuseums** 6 entstand zu Beginn des 18. Jh. als Kurmainzischer Pack- und Waagehof. Hier hatten die Händler ihre Waren zu wiegen und den entsprechenden Zoll an die Stadt zu zahlen. Der Pack- und Waagehof ersetzte die Kleine und Große Waage in der Michaelisstraße Nr. 7 und Nr. 8, die dem Handelsaufkommen nicht mehr gerecht wurden.

1886 wurde auf Betreiben der Erfurter Bürgerschaft hier der Nachlass des Malers Friedrich Nehrlich (genannt Nerly) ausgestellt und in der Folge ein Kunstmuseum mit umfangreicher Gemäldesammlung aufgebaut. Diese beinhaltet heute besonders Werke der deutschen Landschaftsmalerei, Stillleben, Grafiken und Porträts. Herausragend ist der Bilderzyklus »Lebensstufen«

INFOS/ÖFFNUNGSZEITEN

Kaufmannskirche 1: www.evkaufmannsgemeinde.de, 21. März–19. Nov. Mo–Mi 11–14, Do–Sa 11–17 Uhr. Die Kaufmannskirche gehört zu den »verlässlich geöffneten Kirchen« der Evangelischen Kirche in Mitteldeutschland (EKM) und ist auch außerhalb der Gottesdienstzeiten zugänglich.

Einkaufsgalerie Anger: Anger 1-3, T 0361 60 13 20, www.anger1erfurt.de, Mo–Sa 10–20 Uhr, Gastronomie, Gesundheit: ab 8 bzw. 9 Uhr

Angermuseum 6: Anger 18, T 0361 655 56 60, www.angermuseum.de, Di–So 10–18 Uhr, Erw. 6 €, erm. 4 €, erster Di im Monat Eintritt frei

#13 Anger

Der Autor dieses Buches an seinem Lieblings-Musikinstrument: dem Carillon.

▶ INFOS

Das seltene **Carillon** im Bartholomäusturm – es gibt lediglich 49 solcher Musikinstrumente in Deutschland – kann bei einer Führung näher in Augenschein genommen werden (Führung auf Anfrage bei Ulrich Seidel, dem Autor dieses Buches, unter T 0361 74 78 98 27).

von Erich Heckel (1883–1970): Diese Wandmalerei gehört zu den wenigen expressionistischen Kunstwerken, die dem Bildersturm der Nationalsozialisten entgingen. Historisches Kleinod des Angermuseums ist die mittelalterliche Ausstattung des alten Erfurter Rathauses, die vom Selbstbewusstsein der Erfurter Bürger kündet.

In wechselnden Sonderschauen werden zeitgenössische Kunstwerke aus Malerei, Grafik und weiteren Genres gezeigt. Zum Angermuseum gehört die **Barfüßerkirche** (▶ S. 82) mit ihrem Schwerpunkt auf mittelalterlicher Kunst.

Musik mit Händen und Füßen

Der **Bartholomäusturm** 7 (Anger 52) ist eines der ältesten Gebäude am Anger. Er gehörte einst zur gleichnamigen Pfarrkirche, die im späten 16. Jh. baufällig wurde und nach einem Brand 1660 nicht wieder aufgebaut worden ist. Baubeginn am Turm war 1412. Eine Besonderheit ist das 1979 eingebaute Carillon, ein Glockenspiel mit 60 Bronzeglocken, das dreimal am Tag automatisch spielt. In den Sommermonaten wird es regelmäßig von Glockenspielern, sogenannten Carillonneuren, bedient, die dann mit Händen und Füßen über einen Spieltisch auf den Glocken Musik machen.

Aus der Renaissance stammt das **Haus Dacheröden** 8 (Anger 37/38), das sich einst der preußische Kammerpräsident Dacheröden als Alterssitz herrichten ließ. Hier gingen Geistesgrößen wie Goethe, Schiller, Herder, Wieland oder die Humboldt-Brüder ein und aus. Wilhelm von Humboldt lernte Caroline Dacheröden, die Tochter des Hauses, kennen und heiratete sie später. Auch Friedrich Schiller fand hier sein Glück: Er verlobte sich im Haus Dacheröden mit Charlotte von Lengenfeld.

Den westlichen Abschluss des Angers markiert der **Monumentalbrunnen** 9, der 1890 eingeweiht wurde. Gartenbau, Industrie und Handwerk stehen für die Entwicklung Erfurts zur Metropole. Der Bildhauer setzte dies in Person der römischen Göttin Flora (die auch nicht selten eine einzelne echte Rose in der Hand hält) und eines kräftigen Mannes mit Hammer und Schraubstock um. Anlass für die Errichtung des Brunnens war die wenige Jahre zuvor erfolgte Fertigstellung der zentralen städtischen Wasserleitung.

Erfurt ›erfahren‹ – **mit dem Fahrrad entlang der Gera**

\# 14

Sie wollen mal raus? Sich bewegen? Dann steigen Sie doch einfach um und auf: Im Fahrradsattel lernen Sie Erfurt noch einmal von einer anderen Seite kennen. Immer dem Stadtfluss nach, entdeckt man die schönen grünen Ecken der näheren Umgebung der Stadt.

Lassen Sie die Altstadt hinter sich. Zwar befinden sich hier die meisten Sehenswürdigkeiten, dafür sind aber auch viele Touristen zu Fuß unterwegs, was dazu führt, dass man das Rad mehr schiebt als fährt. Ihr Ziel: Das Bachstelzencafé am Ende einer gemächlichen 6 km langen Tour. Man muss es ja nicht gleich übertreiben. Der Weg beginnt am **Hauptbahnhof** 1 und verläuft in westliche

Idylle gefällig? Solch malerische Blicke erhaschen Sie von vielen Brücken über die Gera – hier an der Nonnengasse nahe der Langen Brücke.

#14 Radtour an der Gera

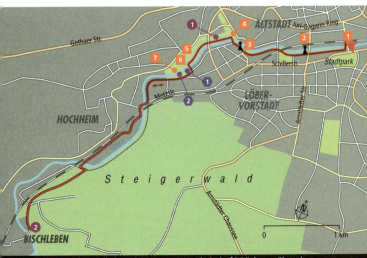

Cityplan: K 5 bis südlich F 8 | Start: am Hauptbahnhof | Rückweg über den ausgeschilderten Radweg Richtung Erfurt-Zentrum/Erfurt-Hauptbahnhof

MIT DEM RAD ON TOUR

Erfurt mit dem Rad zu ›erfahren‹ ist eine gute Idee. Mit Vorsicht und gegenseitiger Rücksichtnahme sollten selbst bei drangvoller Enge in der Altstadt Begegnungen unerfreulicher Art vermieden werden können. Allerdings ist der Bereich Bahnhofstraße/Anger zwischen 9 und 18.30 Uhr für Radler tabu. Die teils autofreien bzw. verkehrsberuhigten Innenstadtbereiche können aber sehr gut mit dem Rad befahren werden. Am Hauptbahnhof befindet sich ein großes **Fahrradparkhaus** mit angeschlossener Werkstatt. Hier ist auch der Fahrradclub ADFC mit einer Geschäftsstelle vertreten. Geführte Radeltouren können Sie über die Erfurt-Tourismusgesellschaft (▶ S. 110) buchen.
Mietfahrräder gibt es z. B. im RadHaus am Hauptbahnhof Infos und Preise unter www.radstation-erfurt.de

PAUSENSNACK

Espach-Café ❶: im alten Bademeisterhaus, Alfred-Hess-Str. 36a, T 0361 21 69 98 63, www.espach-cafe.de, Di–So 11–21 Uhr
Biergarten Bachstelzencafé ❷: Hamburger Berg 5, T 0361 796 83 86, www.bachstelze-erfurt.de, Mi–Fr ab 14 Uhr außer bei Regen, Sa/So ab 12 Uhr, gewöhnlich jeweils bis 23 Uhr, Grillgerichte ab 2,50 €

SPRUNG INS KÜHLE NASS

Dreienbrunnenbad ❶: Hochheimer Str. 35a, www.stadtwerke-erfurt.de (unter dem Reiter »Bäder und egapark« zu finden), Erw. 3,30 €, erm. 2,20 €, im Sommer tgl. 10–20 Uhr. Mehrzweck-, Kleinkinder-, Tret- und Kneippbecken sowie Spielgeräte bieten viel Abwechslung. Rasenflächen sowie eine FKK-Terrasse laden zum Entspannen ein.

KANUSTOPP

Kanufahren auf der Gera ❷: Hochheimer Str., flußaufwärts neben dem Dreienbrunnenbad, www.bewegen-ev.de, So 14–18 Uhr, ab 3 €

Radtour an der Gera #14

Richtung durch eine lang gezogene Parklandschaft direkt am Ufer des Flutgrabens bzw. der Gera.

Ehre, wem Ehre gebührt

Auf dem Weg können Sie am **Denkmal für Richard Breslau** 2 (1835–97) Halt machen. Er war Bürgermeister von Erfurt und hat mit viel Engagement den Umbau des einstigen Festungsgrabens zum heutigen Flutgraben vorangetrieben. Dass Sie heute hier so schön am Wasser entlangradeln können, verdanken Sie also quasi ihm. Freizeitvergnügen hatte man damals aber weniger im Sinn, sondern den Hochwasserschutz: Seit der Fertigstellung des Flutgrabens 1898 blieb die Stadt weitestgehend von Überflutungen verschont. Zuvor gab es viele verheerende Überschwemmungen – 1491 soll das Wasser der Gera bis zur dritten Domstufe gestanden haben und 1585 »stattete die Gera zudringliche Hausbesuche in der Löberstraße ab«, wie ein Chronist berichtete.

Auch das **Denkmal für Christian Reichart** 3 (1685–1775) liegt auf der Route. Reichart, der am 4. Juli 1685 im Haus zum LohFinken an der Ecke Gartenstraße/Bahnhofstraße – gegenüber der heutigen Deutschen Bank – geboren wurde, gilt als Wegbereiter und Förderer des Gartenbaus in Erfurt und Deutschland. Er erwarb seine Kenntnisse als Autodidakt und entwickelte eine Reihe von fortschrittlichen Methoden, die teilweise bis heute angewendet werden. Seine vielfältigen Erfahrungen schrieb Reichart nieder, man kann sie heute noch unter anderem im sechsbändigen Werk »Land- und Gartenschatz« nachlesen.

Er erforschte die sinnvolle Verbindung von Feld- und Gartenbau, brachte Systematik in die Be- und Entwässerung des südwestlich der Stadt gelegenen Dreienbrunnens und begründete den intensiven Erfurter Gemüseanbau.

1756 wurde auf Initiative Christian Reicharts im Zwingerbereich der inneren Stadtmauer Erfurts, zwischen dem Rosswehr (in der Nähe des heutigen Karl-Marx-Platzes) und der Auguststraße (heute Bahnhofstraße), ein Botanischer Garten angelegt. Der Name Gartenstraße weist noch heute darauf hin.

Hochgeschwindigkeit ist nicht! Hier ist Genießen angesagt.

Ohne ihn wäre Erfurt wohl nie die Stadt des Gartenbaus und der Blumen geworden: Christian Reichart gelang es, den seit der zweiten Hälfte des 17. Jh. aus Zypern importierten Blumenkohlsamen in Erfurt zu produzieren und damit die teuren Einfuhren zu umgehen. Um größtmögliche Erträge zu gewinnen, entwickelte er die 18-gliedrige Fruchtfolge ohne reine Brache, wobei zehn Jahre Gartenfrüchten und acht Jahre Feldfrüchten vorbehalten blieben. Reichart entwarf auch neue Gerätschaften für den Gartenbau, wie besondere Hacken zur Bodenbearbeitung und Unkrautbekämpfung. Durch besonders intensive Reinigung des Saatguts erhöhte er die Keimfähigkeit der Gemüsesamen.

#14 **An der Gera**

Perspektivwechsel: Eine Paddeltour auf der Gera bietet Aussichten, die Sie vom Ufer aus nie hätten.

Für Hobbyornithologen und Naturfotografen: Nicht nur im Luisenpark und an der Lösswand können Sie zahlreiche Wasservögel beobachten. In der Lösswand, einer in der letzten Eiszeit entstandenen Sedimentablagerung, sind Brutröhren des seltenen und scheuen – daher schwer aufs Foto zu bannenden – Eisvogels zu entdecken. Auch entlang der Flussläufe finden etliche Vogelarten beste Futterplätze und Brutgelegenheiten. Bei vielen Erfurtern besonders beliebt: die Graureiher.

Wunschkonzert im Grünen

Wenige Meter weiter wechseln Sie die Uferseiten über den **Wilhelmssteg** 4. Nun führt der Weg zwischen Flutgraben und Walkstrom entlang. In Fahrtrichtung rechts kommt bald ein kleines, hübsches Fachwerkgebäude in Sicht, das einst das **Bademeisterhaus des Espachbades** 1 war, eines von vier Freibädern in Erfurt. Es wurde Ende des 19. Jh. eröffnet und schloss knapp 100 Jahre später, Ende der 1980er-Jahre, seine Pforten wieder. Heute können Sie hier verweilen und frisch gebackenen Kuchen und eine dampfend heiße Tasse Kaffee genießen, schließlich sind Sie schon eine Weile unterwegs. Das weitläufige Areal wurde vor wenigen Jahren umgestaltet und bietet nun einem Kindergarten viel Auslauf. Auch die Gäste des Cafés können die großzügigen Flächen nutzen.

Durch den **Luisenpark** 5 führt der Weg weiter, zur sogenannten Wunschbrücke. Glaubt man der Sage, gehen die hier geäußerten Wünsche in Erfüllung. Der Weg verläuft über die Brücke nach links weiter durch den Park, bis man nach etwa 100 m rechter Hand auf eine geologische Besonderheit stößt: eine **Lösswand** 6.

Nicht weit entfernt finden sich die drei Quellen, die diesem Gebiet seinen Namen gaben: **Dreienbrunnen** 7. Auch der Luisenpark gehört zum 3 ha großen Dreienbrunnenpark, der um 1900 angelegt wurde. Aus dem einzigen Mineralbrunnen Erfurts gelangt das Wasser aus Tiefen zwischen 64 und 46 m ans Tageslicht und gilt als gesundheitsfördernd, wie bereits die Brunneninschrift bekannt gibt: »Wer davon trinkt wird lange leben / und wenig Geld dem Arzte geben / Drum kommt, ich lad Euch freundlich ein / und trinkt von diesem edlen Wein«. Die Brunnenanlage, die durch einen Verein gepflegt und instandgehalten wird, wurde 1912 errichtet und 1992 grundlegend saniert.

Nach der Erfrischung am Dreienbrunnen kehren Sie um, überqueren die Gera am Papierwehr und sehen rechts schon das **Dreienbrunnenbad** ❶. Wer die Badeklamotten im Rucksack hat, kann sich hier eine Ganzkörpererfrischung abholen. Das Bad wurde 1888 eröffnet und ist somit das älteste Freibad in Erfurt. In seiner heutigen Form wurde es Anfang des 20. Jh. neu gebaut.

Aus dem Wasser auf das Wasser

Nach Ihrer Badepause führt der Weg weiter links der Gera in Richtung Hochheim. Nicht weit entfernt vom Dreienbrunnenbad wartet eine weitere Überraschung auf Sie: **Kanufahren** ❷ oder Stand Up Paddling auf der Gera! Das ist in den Sommermonaten ein echter Spaß und auch eine Herausforderung an Gleichgewichtssinn und Wagemut. Man hat hier schon einige gestandene Väter ›baden gehen‹ sehen, die versuchten, im Kanu aufzustehen ... Leider können Sie diesen Spaß nur sonntags zwischen 14 und 18 Uhr erleben. Es gibt aber auch geführte Kanufahrten, die Sie bei der Tourist Information Erfurt (▶ S. 110) buchen können.

Entpanntes Finale

Radeln Sie immer stromaufwärts links neben dem Flusslauf weiter, bis Sie zur Motzstraße gelangen. Biegen Sie nach rechts ab, überqueren Sie die Gera, um am anderen Ufer gleich wieder nach links abzubiegen und unter der Unterführung der Eisenbahnbrucke hindurch weiter Richtung **Bachstelzencafé** ❷ zu fahren. Den gut ausgebauten Weg teilen Sie sich mit Fußgängern und Autos, doch nur auf dem ersten Teilstück. An einer Kleingartenanlage entlang führt der Weg wiederum über die Gera und biegt dann nach rechts Richtung Bischleben. Folgen Sie dabei der Ausschilderung des Gera-Radwanderwegs. Ihr Ziel liegt auf der linken Straßenseite. Das Bachstelzencafé ist eine beliebte Ausflugsgaststätte, die vor allem am Wochenende sehr gut besucht sein kann.

Als Kind habe ich das ›Dreier‹ wegen seines kalten Wassers gern gemieden. Ich ging lieber ins Espachbad, da war das Wasser wenigstens 18 Grad ›warm‹.

15

Der Garten Thüringens – **egapark**

Nicht weniger als 75 Erwerbsgärtnereien existierten um 1780 in Erfurt. Als »Stadt des Gartenbaus« und als »Blumenstadt« wurde sie gerühmt. Wen wundert es da, wenn sich Erfurt einen Garten anlegt, zur Erholung und Erbauung. Auf ins Grün!

Jedes Jahr im August ist das Lichterfest im egapark ein Magnet vor allem für Kinder – sie dürfen nämlich lange aufbleiben!

Blumen, Pflanzen, Gärten – um das Ausmaß der Erfurter Begeisterung fürs blühende Bunt zu verdeutlichen, dürfen die Geschichte der ega und ein paar Zahlen bemüht werden: Ab den späten 1950er-Jahren wurde das Gelände um die ehemalige Cyriaksburg im sogenannten Nationalen Aufbauwerk zu einem Ausstellungsgelände umgestaltet. In über 416 000 Arbeitsstunden wurden mehr als 100 000 m³ Erde bewegt,

18,3 km Straßen und Wege neu gebaut, fast 12 km Be- und Entwässerungsleitungen verlegt, 40 km Kabel gezogen und über 400 Leuchten montiert. 14 Hallen und Pavillons, die teilweise noch heute vorhanden sind, ein Parkrestaurant, dessen Standort mittlerweile nur noch schemenhaft erkennbar ist, und ein Freilichttheater, das für nahezu 1000 Zuschauer ausgelegt war, wurden in Vorbereitung auf die 1. Internationale Gartenbauausstellung der sozialistischen Länder (iga) im Jahr 1961 neu errichtet. Seit Mitte der 1950er-Jahre hatten die Organisatoren diese Gartenbauausstellung vorbereitet. Die Idee dazu wird dem damaligen Oberbürgermeister Erfurts, Georg Boock, zugeschrieben.

Flower Power

Die daraus hervorgegangene und inzwischen unter Denkmalschutz stehende **ega** ist heute ein sehenswerter Garten von 36 ha Größe mit vielen, wirklich vielen Blumen, zahlreichen Ausstellungshallen und einem bemerkenswerten **Schmetterlingshaus** 1. Auch der **Aussichtsturm** 2, auf einem der beiden Türme der einstigen Zitadelle Cyriaksburg errichtet, ist nicht zu verachten. Obwohl die Stahlspirale manchmal etwas schwankt, macht der faszinierende Ausblick über die Stadt und die ega das mulmige Gefühl wett.

Im zweiten Festungsturm ist seit den 1950er-Jahren eine **Sternwarte** 3 mit einem Zeiss-Teleskop untergebracht. Spaziergänge entlang der **Wasserachse** 4 oder durch die verschiedenen thematischen Gärten – Rosen-, Lilien- oder Irisgarten – bieten nicht nur Erholung, sondern erfreuen auch das Auge. Ob Sie im **Japanischen Garten** Körper und Geist nach Zen-Manier wieder in Einklang bringen oder im **Staudengarten** Anregungen für Ihre eigenen gärtnerischen Unternehmungen suchen – Sie werden nicht enttäuscht werden. Des Weiteren locken auf dem Gelände noch ein Bauernhof (mit Esel- und Ponyreiten), ein Naturlehrpfad, ein Bienenhaus und die tropische Erlebniswelt in den Schauhäusern.

Ein Blick zurück

In der ehemaligen Zitadelle Cyriaksburg hat das **Gartenbaumuseum** 5 seinen Sitz. Hier erfährt man Wissenswertes über die Welt der Pflanzen

Zu Gast bei Elefant und Maus: Gleich neben dem Gelände der ega sind das **MDR-Landesfunkhaus Thüringen** 7 und der **KiKa** 8 von ARD und ZDF angesiedelt. Erfurt zeigt sich als Kindermedienstadt, deshalb sind auch die vielen Skulpturen bekannter Figuren der Sendungen des KiKa in der Altstadt aufgestellt, die beliebte Treffpunkte und Fotomotive für Kinder bilden. Einmal im Jahr, meist am 1. Sonntag im September, lädt das Landesfunkhaus zum Tag der offenen Tür. Bei dieser Gelegenheit können Sie einen Blick hinter die Kulissen werfen.

#15 egapark

und Früchte sowie über die Geschichte und Entwicklung des Gartenbaus in Erfurt und Thüringen. Vor dem Museum steht eine große Waidmühle, mit der Rohwaid (▶ S. 33) bearbeitet wurde.

Seit der Befestigung des Dombergs 1123 hatten Benediktinerinnen hier ihr Kloster. Sie wurden 1480 umgesiedelt, als ihre Heim- und Wirkungs-

INFOS/ÖFFNUNGSZEITEN

egapark: Haupteingang Gothaer Str. 38, Osteingang: Gothaer Platz, T 0361 564 37 37, www.egapark-erfurt.de, März–Okt. tgl. 9–18, Nov.–Feb. tgl. 10–16 Uhr, Tageskarte Erw. 8 €, erm. 6,50 €.
Es werden verschiedene Führungen und Rundgänge sowie Sonderveranstaltungen angeboten, checken Sie im Vorhinein die Website!
Volkssternwarte 3: www.volkssternwarte-erfurt.de, nur Okt.–März jeden zweiten und letzten Mi im Monat ab 19 Uhr.
Deutsches Gartenbaumuseum 5: in der Zitadelle Cyriaksburg, Gothaer Str. 50, T 0361 22 39 90, www.gartenbaumuseum.de, März–Okt. Di–So 10–18, Juli–Sept. tgl. 10–18 Uhr, Nov.–Feb. nur für Gruppen ab 10 Personen nach Vereinbarung. Der Besuch des Gartenbaumuseums ist im Eintrittspreis des egaparks bereits enthalten.

KULINARISCHES FÜR ZWISCHENDRIN
Hunger? Durst? Ob Sie nun im Foyer der Pflanzenschauhäuser Kaffee oder Kuchen zu sich nehmen oder im ›Rundbau‹ am Spielplatz sich die Finger lecken: Verhungern oder Verdursten im egapark ist nicht geplant.

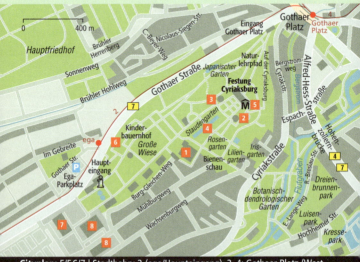

Cityplan: E/F 6/7 | **Stadtbahn:** 2 (ega/Haupteingang), 2, 4: Gothaer Platz (Westeingang)

Nicht nur Kerzen erhellen die Nacht, auch Blumen werden zum Leuchten gebracht – der egapark macht's möglich.

stätte zur Cyriaksburg, einem strategisch wichtigen Bestandteil der Stadtverteidigung, umgebaut wurde. Während des Dreißigjährigen Kriegs sollte Otto von Guericke die Festung modernisieren, was allerdings nicht geschah. Erst unter preußischer Herrschaft wurde die Militäranlage zwischen 1825 und 1830 nochmals verstärkt. Nach der Entfestigung Erfurts 1873 wurde das Areal rund um die Festung zur öffentlichen Grünanlage umgestaltet.

›Kindisches‹ Vergnügen

Kinder sind bestens auf dem größten **Spielplatz 6** der Stadt aufgehoben: 35 000 m² zum Toben, Herumtollen, Klettern – das hat nicht jede Stadt! Die interessanteste Attraktion mit scheinbar magischer Anziehungskraft ist das Planschbecken mit Riesenwasserrutsche, Bootsscooter und Matschplatz. Für eine Pause zwischen all den Attraktionen steht Eltern und Kindern die große Liegewiese direkt neben den Spielgeräten zur Verfügung.

Auch Pflanzen haben so ihre Wehwehchen. Ist doch klar, dass die Gartenstadt Erfurt also über einen ›Pflanzendoktor‹ verfügt. Von April bis Oktober hält er im Infopavillon seine Sprechstunde für unsre grünen Freunde ab.

Erfurter Museumslandschaft

EINTRITTSKARTEN *in eine andere Welt…*
*Neben dem Stadtmuseum (▶ S. 61) gibt
es in Erfurt viele andere Museen, hier
meine persönlichen Favoriten:*

UND JETZT ENTSCHEIDEN SIE!

Puppenstubenmuseum
Di–Fr 11–16.30
Sa, So 10.30–16.30 Uhr
Erw. 4,50 €, erm. 3 €

Puppenstuben, Puppenküchen, Bauernhöfe und Kaufläden aus der Zeit von 1890 bis 1980 und viele sehenswerte Einzelstücke sind im privaten Puppenstubenmuseum zu bestaunen.
📖 H 5, www.erfurter-puppenstubenmuseum.de

○ JA ○ NEIN

Born-Senf-Museum
Kernzeiten Mo–Fr 10.30–18,
Sa 11–16 Uhr
Eintritt frei

Wo kommt der Senf für die Thüringer Bratwurst her? Sicher nicht aus Bayern. Wie die Gebrüder Born die Produktion von Senf vor fast 200 Jahren ins Rollen brachten, zeigt ein kurzen Film. Im Shop kann man verkosten.
📖 Karte 2, E 2

○ JA ○ NEIN

Naturkundemuseum
Di–So 10–18 Uhr
6 €, erm. 4 €, Familienkarte 13 €

Das mehrfach preisgekrönte Museum mit einer riesigen Eiche im Inneren gewährt eine Nahsicht auf Fauna und Flora in Erfurt und Thüringen. Im Keller können Sie auf Noahs Arche mitfahren!
📖 Karte 2, C 3, www.naturkundemuseum-erfurt.de

○ JA ○ NEIN

Druckereimuseum
nach Voranmeldung
über Stadtmuseum:
T 0361 655 56 52

Technisch voll funktionstüchtige Druckereimaschinen von 1860 bis 1930 gewähren einen Blick in die Schwarze Kunst des Druckens. Bei Veranstaltungen können Sie auch selber drucken!
📖 G 5, www.stadtmuseum-erfurt.de

○ JA ○ NEIN

Erfurter Museumslandschaft

Margarethe-Reichardt-Haus
Nur mit Voranmeldung:
T 0361 796 87 26 oder
T 0361 655 16 40

○ JA ○ NEIN

Dass Bauhaus mehr als Möbel, Gebrauchsgegenstäde und Gebäude ist, zeigt dieses Haus. Die Weberin hatte in Dessau am Bauhaus studiert. Die Werkstatt beherbergt mehrere funktionstüchtige Handwebstühle.
📖 außerhalb E 8, www.angermuseum.de

Museum Thüringer Volkskunde
Di–So 10–18 Uhr
6 €, erm. 4 €

○ JA ○ NEIN

Was haben unsere Vorfahren ohne Internet und TV den ganzen Tag getrieben? Auch diese Fragen beantwortet das Volkskundemuseum. Bäuerliche Gerätschaften, Trachten und Alltagsgegenstände von früher.
📖 K 3, www.volkskundemuseum-erfurt.de

Luftschutzkeller im Wigbertihof
Besichtigung nach Anmeldung unter T 0361 655 56 52

○ JA ○ NEIN

Der 1938 zum Luftschutzkeller umgebaute spätmittelalterliche Hauskeller ist einer der wenigen in Thüringen erhaltenen Schutzräume aus der Zeit des Nationalsozialismus mit originaler Raumaufteilung und Ausrüstungsteilen.
📖 J 5, www.stadtmuseum-erfurt.de

Schloss Molsdorf
Di–So 10–18 Uhr
6 €, erm. 4 €

○ JA ○ NEIN

Barockes Schlösschen und ein herrlicher Park. Im Museum sehen Sie die weitestgehend originale Wohnungseinrichtung des Reichsgrafen von Gottern, der sich hier sein ›Thüringisches Versailles‹ errichten ließ.
📖 Karte 2, C 2, www.thueringerschloesser.de

Erinnerungsort Topf & Söhne
Di–So 10–18 Uhr, Eintritt frei, jeden letzten So im Monat 15 Uhr öffentliche Führung

○ JA ○ NEIN

Im ehemaligen Verwaltungsgebäude der Firma Topf & Söhne wird gezeigt, welche Rolle dieser Industriebetrieb als ›Ofenbauer von Auschwitz‹ bei der Vernichtung von Millionen Menschen während des Dritten Reichs spielte.
📖 L 5, www.topfundsoehne.de

Erfurter Museumslandschaft

Alte Geschichten

Die Erfurter Museumslandschaft bietet einen grandiosen und kompakten Einblick in die lokale und regionale Geschichte. Die meisten Museen liegen in der Innenstadt und sind mit öffentlichen Verkehrsmitteln oder zu Fuß gut erreichbar. Außerhalb der Stadt gibt es verstreut einige Museen, die organisatorisch zu Erfurt gehören, wie das Schloss Molsdorf (▶ S. 79), dem einstigen Sommersitz des Grafen von Gottern, die Wasserburg Kapellendorf (▶ S. 63) oder die Burg Gleichen. Auch Gartenliebhaber finden in Erfurt das passende Museum: das Deutsche Gartenbaumuseum (▶ S. 76) auf dem Gelände des egaparks. Das Elektromuseum Erfurt, dass sich vor einiger Zeit bemüht hatte, den letzten Prototyp des Transrapid in Besitz zu bekommen, hat zurzeit leider kein Domizil und kann deshalb auch keine Besucher empfangen, was sehr schade ist.

PRAKTISCHES

Alle Erfurter Museen haben montags geschlossen. Keine Regel ohne Ausnahme: Das Born-Senf-Museum hat auch montags geöffnet, dafür aber sonntags geschlossen. Die üblichen **Öffnungszeiten** sind von 10 bis 18 Uhr.
In den meisten Museen ist am ersten Dienstag im Monat der **Eintritt frei.**
Wirklich **barrierefrei** und für Rollstuhlfahrer gut befahrbar sind nur das Angermuseum und das Naturkundemuseum.
Museumsführungen speziell für Kinder gibt es im Naturkundemuseum, im Stadtmuseum und im Druckereimuseum.
Auf der offiziellen **Website** der Stadt Erfurt www.erfurt.de finden Sie unter der Rubrik ›Erleben und Verweilen‹, ›Kunst und Kultur‹ eine Übersicht aller Museen in Erfurt mit den notwendigen Informationen.

Diese Katze will nicht nur spielen: Löwin und Gnu im Naturkundemuseum

Aussichtsreich! Erfurt von oben

Augen auf: Einmal die gewohnte Perspektive – also den Kopf leicht nach unten geneigt mit starrem Blick auf das leuchtende Display eines Smartphones – verlassen und grandiose Aussichten genießen. In Erfurt gibt es einige Ecken mit ausgesprochen guter Fernsicht.

Augenöffner
›Balkon der Erfurter‹ Karte 2, B 2/3
Mitten in der Stadt lädt der sogenannte Balkon der Erfurter zu einem Blick über die Altstadt. Diesen riesigen ›Balkon‹ finden Sie auf der Zitadelle Petersberg. Gleich nach dem Passieren des Torgebäudes nach rechts gehen, am Restaurant Glashütte vorbei stracks auf die Festungsmauer zu. Fernrohr greifen und gucken! Wie der Erfurter sagen würde: »Mach de Glotzen uff!«
Zitadelle Petersberg, Stadtbahn 3, 4, 6: Domplatz-Nord, Domplatz-Süd

Inmitten der Altstadt
Ägidienkirchturm Karte 2, D/E 2
Einen Blick von oben auf das Gewusel auf der Krämerbrücke? Kein Problem – einen geringen Obolus für die Turmbesteigung in der Ägidienkirche zahlen und 144 Stufen hochkraxeln, einmal noch den Kopf einziehen und voilà! Da ist sie: *die* Aussicht.
Wenigemarkt 4, Turmbesichtigung i. d. R. 11–17 Uhr, 1,50 €

Moderne Zeiten
Aussichtsturm egapark F 8
Im egapark gibt es eine grandiose Stahlspirale auf dem südlichen Geschützturm, auch von dort ist die Aussicht atemberaubend. Definitiv mein Lieblingsplatz, wenn ich mal wieder den Überblick gewinnen möchte. Der Geschützturm selbst, ist auch nicht zu verachten. Eine kleine Ausstellung erläutert die Geschichte der Zitadelle Cyriaksburg.
egapark, Gartenbaumuseum, Stadtbahn 2, ega

Kein Modell sondern Realität – die Krämerbrücke von oben.

Aussicht mit Musik
Bartholomäusturm Karte 2, E 3
Auch auf ›meinem Turm‹, am Anger, können Sie die Aussicht genießen – von hier blickt man auf die vielen Kirchtürme, erspäht Renaissance-Fassaden und kann über die ›neue Stadtmauer‹, den riesigen Wohnblocks am Juri-Gagarin-Ring hinweg schauen. Und darüber hinaus erfahren Sie Wissenswertes und Interessantes aus der Geschichte des Turms und seinem außergewöhnlichen Musikinstrument, dem Carillon.
Nach Terminvereinbarung unter T 0361 74 78 98 27, oft auch kurzfristig möglich, 3 €

Gotteshäuser und sakrale Kunst

Das Stadtbild Erfurts wird von zahlreichen Kirchen bestimmt. Allein in der Altstadt, also dem Bereich zwischen Brühl, Petersberg, Augustinerstraße und Juri-Gagarin-Ring, sind es 20 Kirchen, wobei ich den Torso der Peterskirche und die Ruine der Barfüßerkirche mitgezählt habe. Dazu kommen noch einmal fünf Türme, deren Kirchen verschwunden sind, und der Bonifatiusturm, ein oft übersehenes Zeugnis romanischer Baukunst (12. Jh.) auf dem Domberg.

Mystiker und Prediger
Predigerkirche 📖 Karte 2, D 3
Das Gotteshaus ist eine der bedeutendsten erhaltenen Bettelordenkirchen und ein herausragendes Exemplar gotischer Sakralbaukunst des 13./14. Jh. Kirche und Kloster sind die einzigen erhalten gebliebenen Wirkungsstätten von Meister Eckhart, einem Theologen und Mystiker des 13./14. Jh., der bis in unsere Zeit hinein seine Bedeutung und Modernität nie eingebüßt hat.
Der frühgotische Stil hat sich in der querschifflosen Basilika mit dem Binnenlangchor ungebrochen erhalten. Eine Besonderheit der Kirche ist die doppelte Abtrennung zwischen Hohem Chor und dem Hauptschiff. Der Lettner stammt aus der Mitte des 15. Jh., die Chorschranken dahinter aus der Zeit um 1275. Das Chorgestühl datiert von 1280, die ältesten Kunstwerke, das Fresco »Marientod«, die »Schmedestedt'sche Madonna«, das Tafelgemälde »Kalvarienberg« stammen aus der Mitte des 14. Jh.
Von April bis Oktober finden in der Predigerkirche hochklassige Konzerte auf der Schuke-Orgel statt, deren barockes Prospekt (1648) von Ludwig Compenius gebaut wurde, der auch die Orgel in der Michaeliskirche erbaut hat.

Predigerstr. 4, T 0361 562 62 14, www.predigerkirche.de, April–Okt. Di–Sa 11–16, So 12–16 Uhr, Stadtbahnen 3, 4, 6: Fischmarkt, verschiedene Führungen ab 3 €

Die Ersten
Barfüßerkirche 📖 Karte 2, D 3
Die Barfüßerkirche wurde bei einem Bombenangriff im November 1944 zerstört. Sie mahnt seither als Ruine gegen Krieg. Im Hohen Chor sind als Außenstelle des Angermuseums heute mittelalterliche Plastiken, bedeutende Altäre und die ältesten Glasfenster Erfurts (Mitte 13. Jh.) zu sehen.
Die Franziskanermönche kamen 1224 nach Erfurt und begannen, die Klostergebäude und ihre Kirche zu

Auch die beiden Hauptkirchen Erfurts, die Bischofskirche St. Marien und die Pfarrkirche St. Severi, sind sehenswert (▶ S. 41). Viele Kirchen sind tagsüber offen, so z. B. auch die Michaeliskirche (▶ S. 60) und die Kaufmannskirche (▶ S. 65). Im Nikolaiturm nahe des Augustinerklosters befindet sich die Elisabeth-Kapelle (📖 Karte 2, D 1) ein frühes Zeugnis der Elisabeth-Verehrung (Führungen Mai–Okt. Mo, Mi 15.30 Uhr und auf Anfrage im Augustinerkloster, ▶ S. 57).

Gotteshäuser und sakrale Kunst

errichten. Der heutige Bau wurde um 1300 begonnen, die Chorweihe war 1316. Mit der Reformation wurde das Kloster aufgehoben. Bis 1977 nutzte die evangelische Barfüßergemeinde das Gotteshaus.
Barfüßerstr. 20, www.barfuesserkirche.de, Stadtbahn 2: Angerbrunnen

Moderne Nutzung
Allerheiligenkirche Karte 2, C 2
Die Allerheiligenkirche geht auf eine Stiftung von Augustiner-Eremiten zurück, die Anfang des 12. Jh. zusammen mit der Kirche auch ein Hospital und ein Kloster errichteten. 1117 waren reguliert Augustiner Chorherren im Kloster. Der Stadtbrand von 1221 beschädigte auch die Kirche, die wenig später dem Verlauf der Straßenzüge folgend umgebaut wurde. Mitte des 13. Jh. verlor sie ihre Eigenschaft als Kloster- und Hospitalkirche. Das zweischiffige Langhaus war damals mit einer hölzernen Spitztonne gedeckt, deren Dachkonstruktion teilweise noch erhalten ist. Erst im 19. Jh. wurde die heutige flache Decke eingezogen.
Seit einer umfangreichen Renovierung der Kirche und ihrer Wiedereröffnung im Herbst 2007 ist im nördlichen Seitenschiff ein Kolumbarium eingerichtet, eine Urnenbegräbnisstätte. Jeden Sonntag können zwischen 15 und 17 Uhr mit fachkundigem Personal Einzelheiten zum Kolumbarium erfragt werden. Ein weiteres Kolumbarium ist in der Magdalenenkapelle in der Kleinen Arche eingerichtet worden.
Marktstr./Allerheiligenstr., www.bistum-erfurt.de, tgl. 10–18 Uhr, Stadtbahnen Linie 3, 4, 6: Domplatz Nord/Domplatz Süd oder Fischmarkt

Weniger Worte
Reglerkirche Karte 2, E/F 3
Die Reglerkirche verdankt ihren Namen der Sprachfaulheit der Erfurter, denn eigentlich ist das die Kirche der regulierten Augustinerchorherren, die am heutigen Ort bereits 1117 eine Spitalniederlassung gegründet hatten. 1238 wurde die Kirche fertiggestellt und nach dem Stadtbrand von 1291 das Lang-

Die Lutherrose in der Augustinerkirche

haus neu errichtet. Der heutige Chor stammt aus der Mitte des 15. Jh., wie auch der Regler-Altar, ein Kunstwerk von herausragender Bedeutung, das zwischen 1291 und 1294 entstand. Ein Feuer zerstörte 1660 die Stiftsgebäude. Der Nordturm wurde 1743 neu gebaut und mit einer barocken Turmhaube versehen. Der romanische Südturm wurde erst vor Kurzem restauriert. Sehenswert sind der auf den bloßen Stein gemalte »Schmerzensmann« (wahrscheinlich 1361), ein Kruzifix (um 1500) und das sehr schlichte Chorgestühl (um 1450).
Bahnhofstr. 7, www.reglergemeinde.de, Mai–Okt. Mo–Sa 10–13 Uhr, Stadtbahnen: Anger

PROST

Der stadtbekannte Bettler Schuch fiel des Nachts in die große Grube im Kirchhof der Regler, in der 1517 die Pesttoten abgelegt wurden, und schlief dort seinen Rausch aus. Am nächsten Morgen versuchte er vergeblich und unter viel Gezeter aus der Grube zu klettern. Die zum Markt eilenden Frauen dachten nichts anderes, als dass ein Pesttoter wieder lebendig geworden sei und veranstalteten nun ebenfalls ein Geschrei. Erst die Totengräber, die neue Tote brachten, halfen dem Trunkenbold aus der Grube. Es ist nicht überliefert, dass die Helfer und Schuch selbst an der Pest starben.

Pause. Einfach mal abschalten

Sie brauchen mal einen Moment Ruhe? Oder eine Bank, um Ihren müden Füßen eine Erholung zu verschaffen? Erfurt hat zum Glück viele grüne Ecken, wo Sie mitten in der Stadt innehalten und mal eben das Tempo runterregeln können.

Platz-Hirsch
Hirschgarten 📖 J 5
Von seiner Nachbarschaft, die »…all sein Thun und Wesen observirte…« war der Mainzer Statthalter in der ersten Hälfte des 18. Jh. so genervt, dass er das seinem Palais (heute Sitz des Thüringer Ministerpräsidenten) gegenüberliegende Areal zu einem Park umgestalten und mit Rotwild besetzen ließ. Seither der Name Hirschgarten. Nach vielem Hin und Her wurde der Park in seiner jetzigen Form 2009 eröffnet und ist ein wahres Kleinod im Dschungel der Stadt. Hier gibt es für die Kleinsten Spielgeräte und für die Eltern Cafés am Rande des Parks. Tabaluga, die beliebte KIKA-Figur steht als ›Wächter‹ am Eingang des Grüns an einem der Wachhäuser, die zum Ensemble des Statthalterpalais gehörten. Ein großer Springbrunnen schafft ein angenehmes Mikroklima und für die Geschichtsinteressierten sind auf hochglanzpolierten Stelen die Namen der Häuser aufgeführt, die für diesen freien Platz Platz machen mussten. Der Hirschgarten ist eine wirkliche Oase am westlichen Rand des Angers.

Wer sagt, dass Pausen ruhig sein müssen? Kirche und Musik sind eine wunderbare Kombination, wenn man Erholung jedweder Art sucht: In der Michaeliskirche (▶ S. 60) gibt es jeden Mittwoch um die Mittagszeit ein kurzes Orgelkonzert.

zwischen Regierungs- und Neuwerkstr., Stadtbahn 2: Angerbrunnen bzw. Hirschgarten

Entrückt
Dämmchen 📖 Karte 2, D 1/2
Nördlich der Krämerbrücke, umspült von den beiden Flussläufen des Breitstroms (Gera) ist einer der kleinsten Parks Erfurts, genannt Dämmchen. Hier können Sie unter alten Bäumen auf Bänken sitzen, den müden Füßen eine Pause gönnen und nebenbei die Erfurter Enten füttern. Ihr Blick schweift zu den *Bursa pauperum* – den Armenbursen, jenen Studentenunterkünften der Alten Erfurter Universität, deren Bewohner keine Gebühren zahlen mussten. Sie sehen das einstige Universitätshospital (heute Gasthaus Augustiner, tgl. 10–24, Küche tgl. 11–23 Uhr). Und gehen Sie in nördlicher Richtung, sind Sie nach wenigen Metern in der Schildchengasse und damit in unmittelbarer Nähe des Augustinerklosters. Für mich ist das Dämmchen einer der schönsten Flecken in Erfurt.
Stadtbahnen 3, 4, 6: Fischmarkt

Nicht nur eine Terrasse, sondern ein ganzer Garten!
Brühler Garten 📖 H 5
1940 zu einem Park umgestaltet war die ehemalige Begräbnisstätte im Zwingerbereich der Stadtmauern Erfurts Kurgarten und später Lustgarten des Mainzer Statthalters Boyneburg (1656–1717). Einige Grabmale sind noch heute im Park zu finden, wie etwa das von dem bekannten Schinkel-Schüler Friedrich August Stüler (1800–65) gestaltete klassizistische Grabmal für den preußischen Generalstabschef Freiherr Friedrich Karl Ferdinand von Müffling, der sich unter anderem auf

Pause. Einfach mal abschalten

Im Hirschgarten sollte einst eine kleinere Ausgabe des »Palasts der Republik« gebaut werden. Bloß gut, dass daraus nichts geworden ist, sonst gäbe es heute hier nicht diesen herrlichen Park.

dem Gebiet der Kartografie Verdienste erwarb. Ein Konzertpavillon ist Garant für gute Unterhaltung während der warmen Jahreszeit: Es finden regelmäßig Veranstaltungen statt.

Nähe Theater Erfurt/Dorint Hotel am Dom, Stadtbahn 1: Brühler Garten, Stadtbahn 4: Theater Erfurt

Jugendstil in Grün
Stadtpark 📖 K 5/6

Neben dem egapark ist der Stadtpark der größte Park in Erfurt. Ursprünglich gehörte das Areal zur Stadtbefestigung, hier war die Daberstedter Schanze, eine vor dem Festungsgraben (dem heutigen Umflutgraben) befindliche Anhöhe. Ab 1890 entstanden hier erste Parkanlagen, ehe der neue Gartendirektor Max Bromme 1908 den eigentlichen Stadtpark mit seiner imposanten Treppenanlage errichten ließ. Der Park und speziell die Treppe galten den Zeitgenossen als Aushängeschild für die weltweit bekannte Blumenstadt Erfurt direkt am Hauptbahnhof. Viele Pläne gab es, dieses Areal zu gestalten: herausragend der Entwurf von Henry van de Velde für ein «Universalmuseum». Doch auch heute macht der Park etwas her, es ist besonders der Jugendstil, der sich hier sowohl in der Landschaftsgestaltung als auch im Treppenaufgang vom Hauptbahnhof aus, als auch in den beiden Springbrunnen-Anlagen spiegelt.

südlich des Hauptbahnhofes, Stadtbahn Linie 1, 3, 4, 5, 6, Buslinie 9, 51, 60, Haltestelle Hauptbahnhof

Dolce Vita in Erfurt
Venedig 📖 Karte 2, C 1

Das Gebiet östlich der Moritzstraße, beginnend an der Weidengasse bis hin zur Moritzwallstraße wird als ›Venedig‹ bezeichnet. In den letzten Jahren ist hier eine herrliche Parklandschaft entstanden, die zwischen zwei Läufen der Gera zu Spaziergängen einlädt – Enten füttern inklusive. Übrigens ist der Name Venedig kein Hinweis auf die italienische Lagunenstadt, sondern entstammt dem althochdeutschen Wort *fenn* (›Sumpf‹ oder ›moorige Niederung‹) und dem mittelniederdeutschen *dige*, das für ›aufquellen‹ steht.

Innenstadt, Stadtbahnen 1, 5: Augustinerkloster

In fremden Betten

Ein sanftes Ruhekissen

... ist nicht nur ein gutes Gewissen. Über eine zu schmale Bandbreite der Unterkünfte kann man sich in Erfurt nicht beklagen: Ob Hotel, Pension oder Gästezimmer, Hostel oder Jugendherberge – für jeden Geldbeutel, jeden Geschmack und Anspruch ist in der Innenstadt etwas Passendes zu finden.

Die vielen Veranstaltungen in der Altstadt und die späten ›Heimkehrer‹ aus den Kneipen können zwar manchmal den Schlaf stören, dafür ist man aber direkt im Stadtzentrum. Wer außerhalb des Stadtzentrums nächtigt, ist mit Bus und Stadtbahn auch aus den an der Peripherie gelegenen Stadtteilen bequem und schnell in der Innenstadt. Sollten Sie tatsächlich keine Unterkunft direkt in der Stadt bekommen, können Sie auch in den umliegenden Dörfern kleine, meist familiär geführte Pensionen finden. Der September ist übrigens der besucherstärkste Monat in Erfurt, es empfiehlt sich also für diesen Zeitraum rechtzeitig eine Übernachtung zu buchen.

Reservieren im Netz

Auf www.erfurt-tourismus.de, der Website der Erfurter Tourismus- und Marketing GmbH, finden Sie ein Verzeichnis von Hotels, Pensionen und Gästezimmern, die Sie direkt buchen können oder zumindest Kontaktmöglichkeiten benennt. Auch die bekannten Buchungsportale bieten zahlreiche Möglichkeiten, in Erfurt eine Bleibe zu finden.

ZUM SELBST ENTDECKEN

Wohin mit dem Auto?
Die Hotels in der Innenstadt haben meist eigene Parkmöglichkeiten, so können Sie getrost mit dem Auto anreisen. Bei Pensionen und Gästezimmern sieht es da schon anders aus.

Preise
Die Preise für eine Übernachtung in Erfurt bewegen sich zwischen 20 € und 200 €. Viele Hotels bieten Arrangements an, die besondere zusätzliche Leistungen beinhalten.

Nachts sind auch alle bunten Häuser grau.

In fremden Betten

Für Ihr Haus auf Rädern
Caravanstellplatz Am Saunabad Trautmann ⌂ außerhalb M 8
Das Besondere: Morgens um 8 Uhr frische Brötchen! Natürlich nur, wenn Sie wollen. Auch wer lieber erst etwas später aus den Federn kommt, ist hier bestens versorgt: Es gibt rund 20 Stellplätze für Wohnmobile und Caravans mit Komplettservice sowie Ver- und Entsorgungseinrichtungen das ganze Jahr über. Eine optimale Infrastruktur mit Einkaufszentrum in 200 m Entfernung sowie Verkehrsanbindung mit dem ÖPNV zur Stadtmitte ist vorhanden. Duschen, Waschmaschine usw. im Saunabad Trautmann in unmittelbarer Nähe des Caravanstellplatzes.
Wiesenhügel, Rottenbacher Weg 11, T 0361 41 89 80, www.caravan-erfurt.de, Stadtbahnen 3, 4: Abzweig Wiesenhügel, Stellplatz ab 8,50 €/Nacht

Es lebe der Sport
Freizeitpark Hohenfelden ⌂ außerhalb M 8
Am Ufer des 40 ha großen Stausees Hohenfelden ist der Campingplatz eine ideale Basis, um aktiv die nähere Umgebung Erfurts zu erkunden. Kletterpark in unmittebarer Nähe, Ruderbootverleih und Strandbad – was will man mehr?
99448 Hohenfelden, T 036450 420 81, www.campingplatz-hohenfelden.de, Wohnmobil ab 4,50 €, Pkw 3 €, Zelt ab 2,50 €, FH ab 35 € – jeweils pro Nacht

Vorhang auf
Opera Hostel ⌂ H 5
Wie aus einem Traum Rucksackreisender: Ausschlafen in schönen Einzel-, Doppel- oder Mehrbettzimmern. In unmittelbarer Nähe zum Alten Erfurter Opernhaus begrüßt das freundliche Hostel Opera seine Gäste und bietet große helle Zimmer in einem charmanten Ambiente. Am westlichen Rand der Altstadt gelegen, ist das Opera ein günstiger Ausgangspunkt für Stadtwanderungen. Waschmaschine, Trockner, Safes, 24-Std.-Rezeption.
Innenstadt, Walkmühlstr. 13, T 0361 60 13 13 60, www.opera-hostel.de, Stadtbahn 2:

ÜBRIGENS

Die Stadt Erfurt erhebt eine **Kulturförderabgabe** in Höhe von 5 % des reinen Übernachtungspreises. Dieser Betrag ist nicht im Zimmerpreis enthalten und kommt noch hinzu. Davon ausgenommen sind zwingend berufsbedingte Übernachtungen.

Brühler Garten, DZ ab 54 €, Frühstücksbuffet 5 € p. P., Kaffee und Tee frei

Günstig im Villenviertel
Jugendherberge Erfurt ⌂ G 7
Die Jugendherberge in der Villa des einstigen Schuhfabrikanten und Kunstmäzens Alfred Heß ist modern und zweckmäßig ausgestattet. Wegen ihrer günstigen Lage am Rand der Innenstadt ist sie einerseits sehr gut geeignet für den Besuch der Stadt, andererseits ist man sehr schnell mitten in der Natur. Freibad und Kletterhalle sind in fünf Minuten erreichbar.
Löbervorstadt, Hochheimer Str. 12, T 0361 562 67 05, www.thueringen.jugendherberge.de, Stadtbahn 6: Steigerstraße, Ü/F ab 28 € p. P.

Übernachten bei der Polizei
Re_4Hostel ⌂ H 6
Sie müssen sich nicht erst verhaften lassen, um eine Nacht mit ›Freund und Helfer‹-Flair zu genießen: Im ehemaligen Polizeirevier Erfurt-Süd bietet das Re_4Hostel eine offene, internationale Atmospäre. Die zentrale Lage nur 1 km entfernt von der City, macht das Re_4Hostel mit idealer Verkehrsanbindung zu einem perfekten Ausgangspunkt für Unternehmungen aller Art. Kostenlose Parkplätze, Terrasse, Billard, Tischtennis, Fitnessraum, Grillecke, Internet, Fax, Telefon und vieles mehr sorgen für Zufriedenheit.
Löbervorstadt, Puschkinstr. 21, T 0361 600 01 10, www.re4hostel.com, Stadtbahn 6: Puschkinstraße, DZ ab 25 € p. P.

In fremden Betten

Denkmalreif
IBB Hotel Erfurt 🏠 Karte 2, D 2
Wenn Sie morgens gerne ohne große Umschweife ins touristische Geschehen fallen wollen, sind Sie hier richtig: Das Hotel liegt direkt an der Krämerbrücke. Sehr beliebt sind die Zimmer im ›Haus zum Roten Turm‹ das zum Hotel gehört und unmittelbar neben der Ägidienkirche, der verbliebenen Brückenkirche der Krämerbrücke, zu finden ist. Es geht auf das Jahr 1460 zurück! Rechtzeitiges Buchen ist empfehlenswert.
Innenstadt, Gotthardtstr. 27, T 0361 674 00, www.ibbhotelerfurt.com, Stadtbahnen 1, 5: Stadtmuseum/Kaisersaal, 3, 4, 6: Fischmarkt, DZ ab 75 €

Schlafen so schlicht wie Martin Luther?
Georgenburse 🏠 Karte 2, C 1
Einst wohnte Martin Luther in der Georgenburse. Heute ist das denkmalgeschützte Gebäude eine Pilgerherberge, die vom nahe gelegenen Augustinerkloster betrieben wird. Schlichte, aber saubere und moderne Zimmer erwarten nicht nur den typischen Pilger. Wenn Sie sonst in Erfurt keine Ruhe finden, dann aber hier.
Innenstadt, Augustinerstr. 27, T 0361 57 66 00, www.augustinerkloster.de, Stadtbahn 1, 5: Augustinerkloster, p. P. ab 15 €

Es klappert die Mühle am rauschenden Bach
Pension Sackpfeifenmühle
🏠 Karte 2, C 3
Die Sackpfeifenmühle war eine der etwa 60 Wassermühlen in Erfurt, die einst in der Stadt Dienst taten. Heute dreht sich kein Mühlrad mehr im Bergstrom. Die Zimmer im denkmalgeschützten Gebäude, das in seiner jetzigen Form auf das Jahr 1738 zurückgeht, sind sehr individuell eingerichtet. Erstmals erwähnt wurde das Haus allerdings schon 1248. Die Lage ist top: Der Domplatz ist in zwei Minuten zu Fuß erreichbar.
Innenstadt, Lange Brücke 53, T 0361 34 32 92 68, www.sackpfeifenmuehle.de, Stadtbahnen 3, 4, 6: Domplatz-Nord/Domplatz-Süd, DZ ab 69 €

Im denkmalgeschützen Haus
Haus zum roten Stern 🏠 Karte 2, C 2
Das denkmalgerecht sanierte »Haus zum roten Stern« in der Pergamentergasse 26 war einst dem Mainzer Hof freizinspflichtig und hatte deswegen eine rote Tür. Es gehörte einem verarmten Adligen, der sich als Schneidermeister betätigte. Heute können Sie hier in unmittelbarer Nähe zum Domplatz wohnen und profitieren von den kurzen Wegen in die Altstadt.
buchbar über Pension Sackpfeifenmühle: T 0361 34 32 92 68, www.sackpfeifenmuehle.de, Stadtbahnen 3, 4, 6: Domplatz Nord/Domplatz Süd

Mittendrin statt ...
Pension Domblick 🏠 Karte 2, C 3
Morgens aufwachen, die Gardinen aufziehen und als erstes Dom und Severikirche sehen? Das können Sie in der Pension Domblick. Modern eingerichtete Zimmer mit »unverbaubarem Domblick«.
Innenstadt, Domplatz 20, T 0361 554 59 77 www.pension-domblick-erfurt.de, Stadtbahn 3, 4, 6: Domplatz Süd/Domplatz Nord, DZ ab 73 €

Die höchstgelegene Sauna Erfurts
Radisson Blu Erfurt 🏠 Karte 2, F 2
Das Hotel Radisson Blu liegt direkt im Stadtzentrum. Ende der 1970er-Jahre wurde es als Hotel Kosmos errichtet – in Erinnerung an den Weltraumflug von Juri Gagarin, der 1963 in Erfurt zu Gast war und nach dem auch die nahe gelegene Ringstraße benannt ist. Im obersten Stockwerk des Hochhauses ist die höchstgelegene Sauna Erfurts zu finden. Von dort haben Sie freie Sicht auf die Altstadt sowie Dom und Severikirche. Die Zimmer sind modern und zweckmäßig eingerichtet. Mit Restaurant, Bistro und Bar.
Innenstadt, Juri-Gagarin-Ring 127, T 0361 551 00, www.radissonblu.com, alle Stadtbahnen: Anger, DZ ab 90 €

Erste Reihe
Hotel Zumnorde am Anger
🏠 Karte 2, D 3
Das Hotel Zumnorde ist eine der schönsten Herbergen in Erfurt. Die zentrale

In fremden Betten

Renaissance und Moderne dicht beieinander – das Haus zum grünen Sittich und gekrönten Hecht und das Hotel Radisson Blu. Man stellt fest: Auch in Sachen Namensgebung hat sich in den letzten Jahrhunderten einiges getan.

Lage direkt am Anger macht es zur besten Basis für Ausflüge in die Stadt. Neben individuell eingerichteten Zimmern bietet es auch Ferienwohnungen. Die Dachterrasse ist eine grüne Oase inmitten der Altstadt, auf der man die Zeit vergessen kann. Und wenn das Glockenspiel im Bartholomäusturm erklingt, hat man hier den besten Hörgenuss.

Innenstadt, Anger 50/51, T 0361 568 00, www.hotel-zumnorde.de, alle Stadtbahnen: Anger, DZ ab 125 €, FeWo ab 85 €

Klösterliche Ruhe
Augustinerkloster zu Erfurt
🏠 Karte 2, D 1

Wo Martin Luther einst sein Haupt zur Ruhe bettete, können Sie in modernen Zimmern wesentlich bequemer schlafen als es Martin auf den Strohsäcken im Dormitorium je erlebt hat. Sie haben die Möglichkeit direkt im Klostergebäude, in den wiederaufgebauten Waidhäusern (www.waidhaus-erfurt.de) oder im Gästehaus Nikolai (www.gaestehaus-nikolai.de) zu übernachten.

Augustinerstr. 10, T 0361 57 66 00, www.augustinerkloster.de, Stadtbahnen 1, 5: Augustinerkloster, DZ ca. 90 €

Schokolade zum Frühstück?
Goldhelms »Schokoladen«-Pension-Krämerhaus 🏠 Karte 2, D 2

Nicht nur Bridget-Jones-Fans werden diese Unterkunft lieben: Direkt über der Goldhelm-Schokoladenmanufaktur können Sie das »Brücken-Gefühl« kennenlernen. Wohnen Sie wie die anderen Bewohner der Krämerbrücke in einem faszinierend restaurierten Fachwerkhaus!

Innenstadt, Krämerbrücke 15, T 0361 55 06 19 99, www.goldhelm-schokolade.de, Stadtbahn 3, 4, 6: Fischmarkt, Stadtbahn 1, 5: Stadtmuseum/Kaisersaal, DZ ab 110 €

Kaiserlicher Ausstrahlung
Bachmann Hotel am Kaisersaal
🏠 Karte 2, E 2

In unmittelbarer Nachbarschaft zur Krämerbrücke und zum Kaisersaal begrüßt Sie das Hotel mitten in der Altstadt. Kurze Wege, wohin auch immer Sie in der Altstadt wollen. Während Sie in den modern ausgestatteten Zimmern schlafen, ruht sich Ihr Fahrzeug in der hoteleigenen Tiefgarage aus.

Futterstr. 8, T 0361 65 85 60, www.bachmann-hotels.de, DZ ab 104 €

Satt & glücklich

Bratwurst und Klöße? Auch, aber nicht nur!

»In Erfurt ist gut wohnen« – so hatte einst Karl Theodor Anton Maria von Dalberg (1744–1817), der kurmainzische Statthalter, in seinem Loblied auf Erfurt gedichtet. Doch nicht nur gut wohnen kann der Besucher hier, sondern auch gut essen! Eine große Zahl an Kneipen, Gasthäusern und Restaurants erwartet den Einkehr Suchenden. Die Köche bieten dem hungrigen Gast neben lokalen Spezialitäten wie Thüringer Klöße und gediegener deutscher Küche auch manch internationale Leckereien. Ob italienisch, chinesisch, thailändisch, mexikanisch, griechisch, andalusisch, böhmisch oder Bockwurst mit Brot: für jeden Geschmack und Geldbeutel hält Erfurt etwas bereit.

Das Spektrum der Erfurter Gastronomie reicht von Sterneküche über Gault-Millau-Empfehlungen und handwerklich solider Angebote bis zum schlichten Imbiss. Eins ist sicher: Sie werden in Erfurt nicht verhungern. Dafür sorgen schon die zahlreichen Stände, an denen Sie die leckere Thüringer Bratwurst für rund 2,50 € erhalten. Und diese Würste sind definitiv das Original. Hier eine Empfehlung für die ›beste Bratwurst in Erfurt‹ auszusprechen fällt schwer.

ZUM SELBST ENTDECKEN

Wohin zum Essen?
Eine Häufung italienischer Restaurants gibt es rund um den **Fischmarkt** (Karte 2, C/D 2/3), der zudem ein paar nette Cafés aufweist. Die **Michaelisstraße** (Karte 2, C 1–D 2) als »Kneipenmeile« zu bezeichnen, ist legitim, ebenso belebt sind die **Allerheiligenstraße** sowie die **Pergamentergasse** (Karte 2, C 2). Am Rande des **Wenigemarktes** (Karte 2, D/E 2) finden Sie mit Sicherheit etwas für Ihren Geschmack. Rund um den **Domplatz** (Karte 2, B/C 2/3) locken griechische, kretische, indische und andalusische Gaststätten. Auf dem **Anger** (J 4/5) selbst reicht die Palette vom schnellen Fast-Food-Imbiss über Kaffee und Kuchen und italienische Gastfreundschaft bis zur gehobenen Gastronomie.

Eine Legende im Brötchen…

Satt & glücklich

SO BEGINNT EIN GUTER TAG IN ERFURT

Urmutter aller Frühstückskneipen
Double B 🍴 Karte 2, C 1
Egal, zu welcher Tageszeit Sie hier eintrudeln: Frühstücken können Sie immer! Zur Wahl stehen u. a. deftiges Rührei, frische Brötchen, Croissants und, bei Bedarf, ein Katerfrühstück bestehend aus Schmalzbrot und saurer Gurke. Ein Aspirin und ein Glas Wasser gibt es auch. Wenn es mehr als Frühstück sein darf: Außerdem gibt es Steak, Nudeln, Vegetarisches, eine Kinderkarte und einen Biergarten.
Innenstadt, Marbacher Gasse 10, T 0361 211 51 22, www.doubleb-erfurt.de, Stadtbahnen 3, 6: Webergasse/Andreaskirche, Mo–Fr 8–1, Sa, So, Fei 9–1 Uhr, Frühstück ab 3,90 €

Klein, aber oho!
Kleines Café 🍴 Karte 2, E 3
Ein wenig versteckt in einer Passage vom Anger zum Hirschlachufer und damit so ruhig gelegen, wie es in einem Stadtzentrum nicht zu erwarten wäre. Zum Frühstück werden hier Eierspeisen, wirklich frische Brötchen mit Wurst, Lachs oder Käse belegt. Naschkatzen greifen bei den Torten aus der hauseigenen Konditorei und dem frisch gebackenen Kuchen zu. Auch laktose- und glutenfreie Backwaren werden angeboten. Gegen mittägliches Magenknurren helfen Schnitzel, Toasts, Omelettes und Pastagerichte.
Innenstadt, Anger 19/20 (Innenhof), T 0361 643 74 19, www.kleines-cafe-erfurt.de, alle Stadtbahnen: Anger, Mo–Fr 8–18.30, Sa 9.30–18.30, So 14–18.30 Uhr, Hauptgerichte ab 7 €

›Kräm‹ dich nicht!
Mundlandung 🍴 Karte 2, D 2
Eine außergewöhnliche Gaststätte mit viel Flair in einem einstigen Krämerhaus. Es ist ein Genuss, in den Sommermonaten an einem der kleinen Tische vor dem Haus zu sitzen und den Menschen zuzusehen, wie sie mit großen Augen die Brückenhäuser bewundern. Von 9 bis 12 Uhr kann man dabei auch noch ein wunderbares Frühstück genießen: z. B. hausgemachtes Granola-Müsli, Buttermilch-Pancakes oder Spanisches Spiegelei mit Chorizo und Oliven.
Innenstadt, Krämerbrücke 28, T 0361 644 38 44, www.mundlandung.de, Stadtbahnen 1, 5: Stadtmuseum/Kaisersaal, Stadtbahnen 3, 4, 6: Fischmarkt, tgl. 9–22 Uhr, Hauptgerichte ca. 13 €

Näher als man denkt
Übersee 🍴 Karte 2, D 2
Mein Favorit: Cowboy-Frühstück. Als ich das erste Mal davon hörte, sah ich John Wayne vor mir und dachte an einen doppelten Bourbon und eine Zigarette, die man mit einem an der Schuhsohle entzündeten Streichholz entflammt. Tatsächlich handelt es sich um eine Tasse Kaffee und zwei Spiegeleier mit Speck auf Toast. Auch lecker!
Innenstadt, Kürschnergasse 7-8, T 0361 644 76 07, www.uebersee-erfurt.de, alle Stadtbahnen: Anger, Mo–Sa 9–1, So 10.30–14 Uhr, Frühstück ab ca. 5 €

Hinter der Krämerbrücke
Ballenberger 🍴 Karte 2, D 2
Die Krämerbrücke werden Sie wohl nur beim Betreten oder Verlassen des Ballenberger sehen, dennoch – mit Blick auf den Kinderspielplatz auf dem Dämmchen lässt es sich hier herrlich frürstücken! Ob nun deftig mit Spiegel- oder Rührei oder völlig durcheinander mit Müsli, hier finden Sie, was Ihnen schmeckt.
Innenstadt, Gotthardtstr. 25/26, T 0361 64 45 60 88, www.das-ballenberger.de, Stadtbahnen 3, 4, 6: Fischmarkt, Stadtbahnen 1, 5: Stadtmuseum/Kaisersaal, Mo–Sa 9–22 Uhr

Unter dem Torbogen
Café Nüsslein 🍴 Karte 2, D 2
Das lob ich mir: Auf Kaffeehaus-Stühlen in der Kühle des Sommermorgens am Rande des Wenigemarktes sitzen, ein Croissant und eine Tasse Kaffee genießen, bevor Touristen und Stadtführungen den Platz füllen. Später am Tag schmecken hier auch Salate, Burger, hausgemachte Pastagerichte und andere Hauptgänge (ab 9 €).

Satt & glücklich

Innenstadt, Krämerbrücke 17, T 0361 21 69 82 81, www.cafe-nuesslein.de, Stadtbahnen 3, 4, 6: Fischmarkt, Stadtbahnen 1, 5: Stadtmuseum/Kaisersaal, tgl. 9–23 Uhr, Französisches Frühstück 3,60 €

Marktfrisch
Faustus 🍴 Karte 2, D 2
Es ist etwas Besonderes, das Frühstück auf dem Wenigemarkt zu genießen, wenn die ersten Sonnenstrahlen einen wärmen. Ob nun italienisches Frühstück, »Für Verliebte« oder Fitnessfrühstück für Aktive, Sie werden das Passende finden für den Start in den Tag. Übrigens: Am Abend das Treiben auf dem Platz zu betrachten, ist einfach genial!
Innenstadt, Wenigemarkt 5, T 0361 540 09 54, www.restaurant-faustus.de, Stadtbahnen 3, 4, 6: Fischmarkt, 1, 5: Stadtmuseum/Kaisersaal, So–Do 9–1, Fr, Sa 9–3 Uhr, Hauptgerichte ab 10 €

Direkt neben der Ägidienkirche: Faustus

....
WO ESSEN AUF NACHHALTIGKEIT TRIFFT
....

Grüne Burger
green republic 🍴 Karte 2, E 2
Eine der Grundfarben des additiven Farbsystems und Synonym für gesunde Ernährung: Wurst aus dem Fleisch von Tieren suchen Sie hier vergeblich. Fragen Sie auch nicht danach – »Vöner«, »Viener« oder Burger: Hier ist alles vegetarisch oder vegan.
Innenstadt, Johannesstr. 16, T 0361 54 15 44 63, www.green-republic.de, Stadtbahnen 1, 5: Stadtmuseum/Kaisersaal, Mo–Sa 11.30–20, Hauptgerichte ab 10 €

Zeitgeistig
Cognito 🍴 Karte 2, D 2
Vegan oder vegetarisch und absolut frisch – dafür ist das Cognito berühmt. Die Möglichkeit, das Treiben auf der Rathausbrücke zu beobachten, gibt es kostenlos dazu. Panini, Burger, Currys, Pasta oder Suppen machen satt.
Innenstadt, Hefengasse 1, T 0361 660 46 66, www.cognitoworld.com, Stadtbahn Linie 3, 4, 6: Fischmarkt, tgl. 8–21 Uhr, Hauptgerichte ab 6 €

Smoothies plus
Erfruit 🍴 Karte 2, D3
Smoothies, Suppen und kleine Snacks werden aus regionalen Zutaten aus zertifiziertem Bio-Anbau frisch zubereitet. Dazu die Lage direkt am Fischmarkt – das ist Erfurter Lebensart.
Innenstadt, Fischmarkt 2, T 0361 65 78 36 93, www.erfruit.de, Stadtbahn 3,4,6: Fischmarkt, Mo–Sa 10–17 Uhr

Slow Food, aber nicht langsam
Kromer's Restaurant und Gewölbekeller 🍴 Karte 2, C 3
Das Kromer's ist das einzige Slow-Food-Restaurant in Thüringen! Der Slow-Food-Grundsatz: regionale Kochkultur, frische Zutaten aus dem Umland und keine zusätzlichen Inhaltsstoffe wie Geschmacksverstärker oder Ähnliches. Gemütlicher Gewölbekeller!
Innenstadt, Kleine Arche 4, T 0361 64 47 72 11, www.kromers-restaurant.de, Stadtbahnen 3, 4, 6: Domplatz-Nord/Domplatz-Süd, Di–Fr ab 17, Sa, So ab 11.30 Uhr, Küchenpause 14.30–17 Uhr, Hauptgerichte ab 14,50 €, vegetarische Gerichte ab 11,50 €

Eltern-Kind-Kur
Café Wildfang 🍴 J 5
Entspannt sitzen die Eltern bei Biokaffee, hausgebackenem Kuchen oder vegetarischen Snacks, schwatzen mit Freunden oder lassen einfach mal die Seele baumeln. Der Nachwuchs tobt unterdessen auf dem Spielplatz im Hirschgarten, der direkt vor dem Café Wildfang dazu einlädt.
Innenstadt, Eichenstr. 7, T 0361 55 37 05 91, www.cafe-wildfang.de, Stadtbahn 2: Lange Brücke, Mo–Fr 9–18, Sa 10–18, So ab 14–18 Uhr

Satt & glücklich

Dom und Severikirche im Blick und leckeres Essen: Das Restaurant Glashütte (▶ S. 50) auf dem Petersberg bittet pittoresk zu Tisch.

Bastelstunde
Kekoa 🍴 Karte 2, C 2
›Do it yourself‹ gilt in diesem Laden nicht nur für die Macher hinter der Theke: Die Füllung der Brot- und Salattaschen bestimmt man selbst, die Produktion der handgeschnittenen Fritten (auch aus Süßkartoffeln) übernimmt netterweise die Küche. Das Credo? »Handarbeit, Regionalität, frische Speisen und umweltschonende Materialien«. Da kommt man gerne wieder.
Innenstadt, Marktstr. 38 b, www.kekoa-food.de, Mo–Fr 11–20, Sa 11–21 Uhr, Achtung! Siesta von 16–16.30 und im Winter kürzer geöffnet!

IMMER WIEDER GERN: ERFURTER INSTITUTIONEN

Eine Terrasse zum Verlieben
Altstadtcafé 🍴 Karte 2, C 3
Idyllisch am Ufer des Walkstroms und nur wenige Meter vom Domplatz entfernt gelegen, bietet das Altstadtcafé neben Kaffeespezialitäten und Kuchen auch deftige Speisen. Und die Terrasse ist einer der schönsten Plätze in Erfurt!
Innenstadt, Fischersand 1, T 0361 562 64 73, www.erfurt-altstadtcafe.de, Stadtbahnen 3, 4, 6: Domplatz-Nord/Domplatz-Süd, Stadtbahn 2: Lange Brücke, Mo 11.30–19, Di–Sa 11.30–20, So 13.30–19 Uhr

Hier gibt es ordentlich was auf die Waffel
Café Flo 🍴 Karte 2, C 3
Das Besondere am Café Flo sind die leckeren, frisch gebackenen Waffeln. Dazu einen Kaffee und die Welt ist in Ordnung.
Innenstadt, Große Arche 2, T 0361 644 23 62, Stadtbahnen 3, 4, 6: Domplatz-Nord/Domplatz-Süd, Mo 12–19, Di–Sa 11–19, So 14–19 Uhr

Rettende Insel
Café da Vinci 🍴 Karte 2, E 3
Mitten in der Stadt und dennoch so ruhig wie eine Waldgaststätte, das ist das Café da Vinci. Eiscreme, frischer Kuchen, hausgebackene Waffeln, raffinierte Torten, aber auch Salate, delikate Suppen, Pasta und Fleischgerichte gehören zum Angebot des Cafés. Im Hof des Hauses an der Bahnhofstraße 2 entkommen Sie in Augenblicken dem hektischen Treiben auf dem Anger.
Innenstadt, Bahnhofstr. 2 (im Hof), T 0361 602 78 44, Stadtbahn alle Linien: Anger, Mo–Fr 9–24, Sa, So, Fei 10–24 Uhr, Speisen ab 5 €

Satt & glücklich

Vor dem Genuss kommt die Arbeit: Sie machen Ihren Teil und erkunden die Stadt, und die Köche tragen das Ihrige bei. Hier im Köstritzer Zum Güldenen Rade sind das unter anderem köstliche Klöße.

Eiskalt über dem Wasser sitzen
Eiscafé Rialto 🍴 Karte 2, D 2
Italienisches Eis aus eigener Herstellung, Kaffeespezialitäten und das alles auf der Terasse über dem Wasser des Breitstroms – das macht das Rialto unverwechselbar.
Innenstadt, Kürschnergasse 1, T 0361 561 06 17, Stadtbahnen 3, 6: Fischmarkt, 1, 5: Stadtmuseum/Kaisersaal, tgl. 9–22 Uhr

Das Café der Bohéme
Hilgenfeld 🍴 Karte 2, C 2
Es ist schon amüsant, im Hilgenfeld zu sitzen, Kaffees aus unterschiedlichsten Regionen unserer Erde zu genießen und dem Treiben vor den großen Fenstern zuzuschauen. Es geht recht eng zu im kleinen Laden, aber es ist eine grandiose Atmosphäre. Wer etwas auf sich hält, war mindestens einmal im Hilgenfeld, denn hier gilt: Sehen und Gesehenwerden.
Innenstadt, Domplatz 4, T 0361 26 56 98 46, www.facebook.com/CafeHilgenfeld/, Mo–Fr 8–22, Sa 9–22 So/Fei 10–22 Uhr

Handarbeit
NUMA, die Nudelmacher
🍴 Karte 2, E3
Diese Nudeln sind wirklich frisch gemacht. Nicht vorgefertigt, nicht vorgekocht – das Gericht Ihrer Wahl entsteht vor Ihren Augen. Und schmeckt absolut lecker. Dazu gibt es verschiedene Beilagen und Soßen.
Innenstadt, Pilse 8, 🍴 Karte 2, E3, T 0361 26 59 66 14, www.numa-erfurt.de, alle Stadtbahnen, Anger, Mo–Sa 11–21 Uhr (für beide Standorte); Andreasstraße 37, 🍴 Karte 2, C 2, T 0361 43 02 20 46, Stadtbahn 3, 6: Domplatz Nord, Stadtbahn 4: Domplatz Süd

Kalabrien in Thüringen
Trattoria la Grappa 🍴 Karte 2, D 3
Freunden der italienischen Küche ist die kleine, aber feine Trattoria la Grappa in der Schuhgasse zu empfehlen. Sie überzeugt mit typisch italienischen Gerichten, die jedoch in einer Qualität und Raffinesse zubereitet werden, die in Erfurt einzigartig ist. Was natürlich nicht heißt, dass es bei allen anderen Italienern nicht auch schmecken würde …
Innenstadt, Schuhgasse 8–10, T 0361 562 33 15, www.la-grappa-erfurt.de, Stadtbahnen 3, 4, 6: Fischmarkt, tgl. 11–23 Uhr, Hauptgerichte ab 10 €

Thüringen auf dem Teller
Feuerkugel 🍴 Karte 2, D 2
Thüringer Spezialitäten vom Rostbrätel bis zu Braten mit Thüringer Klößen bietet die Feuerkugel. Das ist bodenständi-

Satt & glücklich

ge, deftige Küche, bei der der Teller hält, was er verspricht.
Innenstadt, Michaelisstr. 3/4, T 0361 789 12 56, www.feuerkugel-erfurt.de, Stadtbahnen 3, 4, 6: Fischmarkt, tgl. 11–24, warme Küche bis 22 Uhr, Hauptgerichte ca. 13 €

Ein Wort: Klöße!
Köstritzer Zum Güldenen Rade
Karte 2, C 2
Spezialität sind hier die frisch zubereiteten Thüringer Klöße. 1551 errichtet, zählt das Haus zum Güldenen Rade zu den prächtigen Patrizierhäusern in Erfurt. Bis Anfang des 20. Jh. wurden hier Tabakwaren produziert. Einer der größten innerstädtischen Biergärten lädt hinter dem Haupthaus zum Verweilen und Genießen ein.
Innenstadt, Marktstr. 50, T 0361 561 35 06, www.zum-gueldenen-rade.de, Stadtbahnen 3, 4, 6: Fischmarkt, Mo–Sa 11–24, So 11–22 Uhr, Küche bis 22 bzw. 21 Uhr, Hauptgerichte ab 10 €

Ein Hafen am Walkstrom
Pier 37 H 5
Im Gebäude der einstigen Rabenmühle wird auf drei Etagen deutsche und thüringer Küche geboten. Eine besondere Atmosphäre versprühen die Terrassen am Walkstrom. Eine wunderbare Entspannung nach dem Stadtspaziergang!
Innenstadt, Lange Brücke 37a, T 0361 602 76 00, www.pier37.de, Stadtbahnen 2: Lange Brücke, 3, 4, 6: Domplatz-Nord/Domplatz-Süd, tgl. 11–24 Uhr, Hauptgerichte ab 12 €

EXPERIMENTIERFREUDIG UND UNGEWÖHNLICH

Alltag ist sonst genug
Altstadtkneipe Noah Karte 2, C 3
Blues- und Rockmusik der letzten Jahrzehnte und deftige Speisen. Meine Lieblingskneipe? Wenn ich wirklich mal abends unterwegs bin (was sehr selten passiert, da ich ein absoluter Tag-Mensch bin, der morgens zu einer Zeit aufsteht, an dem andere Leute ins Bett gehen) sitze ich am liebsten in der Altstadtkneipe Noah. Deftige, sehr bodenständige Gerichte wie Thüringer Rostbrätel und Hackepeter und das so legendäre wie schmackofte Bauernfrühstück Noah. Fast 40 verschiedene Sorten Bier und dazu noch etliche Craft-Biere stillen jeden Durst. Die Ausstattung ist das Besondere am Noah: Uralte Fotografien und Werbeschilder aus längst vergangenen Tagen machen Lust, den Blick wandern zu lassen.
Ab 21 Uhr wird die Musik gern lauter. Wenn Sie Ihrer/Ihrem Liebsten ins Ohr hauchen wollen, wie sehr Sie sie/ihn lieben, sind Sie hier vielleicht nicht ganz richtig. Auf jeden Fall richtig sind Sie im Noah, wenn Sie einmal eine nicht alltägliche Kneipe suchen.
Innenstadt, Große Arche 8, T 0361 642 18 40, www.altstadtkneipe-noah.de, Mo ab 18, Di–Sa ab 16.30 Uhr, Hauptgerichte ab 7,50 €

Thüringer Weinkarte vom Feinsten
Zum Wenigemarkt 13 Karte 2, E 2
Nicht nur das Essen ist erstklassig, auch die Weinkarte lässt das Herz vor allem der Freunde des Rebensaftes höherschlagen: Saale-Unstrut-Weine von Prinz zur Lippe, vom Weingut Zahn, dem Weingut Böhme oder aus der Freyburger Region von Thürkind in Gröst – allesamt für Sie verkostet und als sehr empfehlenswert eingestuft!
Innenstadt, Wenigemarkt 13, T 0361 642 23 79, www.wenigemarkt-13.de, tgl. ab 11.30 Uhr, alle Stadtbahnen: Anger, Hauptgerichte ab 10 €

AN DER QUELLE

Gasthausbrauereien
Die Tradition, das Bier direkt im Gasthaus zu brauen, wird in Erfurt immer noch gepflegt. Während es im Mittelalter mindestens 583 Häuser mit Braurecht gab, sind es heute noch drei Gasthäuser, die ihren Gerstensaft selbst brauen: **Gasthaus zum Goldenen Schwan** (Karte 2, D 2, ▶ S. 32), **Gasthaus Waldhaus** (außerhalb J 8, ▶ S. 40), **Gasthaus Waldkasino** (H 8, ▶ S. 40).

Satt & glücklich

Tipp fürs ungetrübte Biergarten-Vergnügen: In der Bachstelze am besten den Deckel auf's Glas, damit die Kastanien nicht hineinfallen!

Im Osten viel Neues
Maria Ostzone in der Bachstelze
🍽 außerhalb E 8

Küchenchefin Maria Groß erkochte sich im November 2013 im Erfurter Gourmetladen »Clara« einen Michelin-Stern. Zwei Jahre später war sie bereit für etwas ganz Neues und fand es in der Bachstelze: Das von ihr und ihrem Lebensgefährten unter der Marke »Marias Ostzone« übernommene Ausflugslokal ist schon seit 1930 ein beliebter Treffpunkt für Wanderer und Rausflügler. Groß möbelt den Laden nun mit einem neuen Konzept auf. Im Biergarten (▶ S. 70) gibt es vor allem Grillgerichte von Bratwurst bis Rostbrätel aber auch erlesene Weine. Im Winter kann man sich dort in einer Jurte am Kamin und an einem Glühwein wärmen. Unbedingt ausprobieren!

Erfurt-Bischleben, Hamburger Berg 5, T 0361 796 83 86, www.mariaostzone.de, Buslinie 51 ab Hauptbahnhof, Ausstieg: Am Roten Hof (EF-Bischleben), Mi–Fr 14–23, Sa, So 12–23 Uhr, Drei-Gang-Menü ab 38 €, Reservierung über Website

Inhouse-Grill
Faustfood 🍽 Karte 2, D 2

In der einstigen Lagerscheune unmittelbar an der Ecke Allerheiligenstraße/Waagegasse lädt Sie der einzige Indoor-Grill Erfurts zu einem herzhaften Imbiss.

Innenstadt, Waagegasse 1, T 0361 64 43 63 00, www.faustfood.de, Stadtbahnen 3, 4, 6: Fischmarkt, Di–Sa 11–23, So 11–19 Uhr, Bratwurst 2 €

Sehen und Gesehenwerden
Due Angeli 🍽 Karte 2, D 2

Große Bühne, großer Auftritt – dafür, dass man nichts und niemanden verpasst, sorgen die Fensterfronten dieses Cafés. Eis aus eigener Herstellung und Kaffee in allen erdenklichen Ausführungen gibt es zur Aussicht dazu.

Innenstadt, Benediktsplatz 4, T 0361 602 37 10, www.dueangeli-erfurt.de, Stadtbahnen 3, 4, 6: Fischmarkt, 1, 5: Stadtmuseum/Kaisersaal, tgl. 10–24 Uhr

Aus Waid mach Steak
Steakhouse Palais 🍽 Karte 2, E 2

In der Futterstraße kann man im historischen Ambiente eines einstigen Waidhändlerhauses speisen. Ob hausgemachte Burger oder Steaks aus aller Herren Länder – den Fleischessern unter uns wird hier das Wasser im Munde zusammenlaufen. Einen besonders schönen Platz bietet der lichtdurchflutete Wintergarten.

Satt & glücklich

Innenstadt, Futterstr. 13, T 0361 55 06 06 06, www.palais-erfurt.de, Stadtbahnen 3, 4, 6: Fischmarkt, 1, 5: Stadtmuseum/Kaisersaal, Di–So 17–24 Uhr, Burger ab 11 €, Steaks ab 20 €

Ein wundersames Trinkgefäß
Restaurant zum Rebstock
 Karte 2, E 2
Das Restaurant Zum Rebstock im Mercure-Hotel ist ebenfalls in einem historischen Waidhändlerhaus eingerichtet und bietet erlesene Speisen und Getränke wie z. B. Gegrillte Kalbsleber mit karamellisierten Zwiebeln. Den Namen ›Zum Rebstock‹ gab Otto Ziegler seinem 1451 errichteten Haus. Er hatte einige Jahre zuvor das Heilige Grab besucht und von dort ein Trinkgefäß mitgebracht, das aus einem Rebstock gefertigt war.
Innenstadt, Futterstr. 2, T 0361 594 95 18, www.restaurant-zum-rebstock.de, alle Stadtbahnen: Anger, Mo–Sa 12–22 Uhr, Hauptgerichte ab 12 €

Gehobene Küche
Restaurant Zumnorde Karte 2, E 3
Gehobene Gastronomie bietet das Restaurant Zumnorde, dessen Küchenchef sich mit seinen Kreationen eine Gault-Millau-Empfehlung erarbeitete. Edle Weine von Saale, Unstrut und anderen deutschen Anbaugebieten sowie internationale Spitzenweine runden das Angebot ab.
Innenstadt, Grafengasse 2–6, T 0361 568 04 26, www.restaurant-zumnorde.de, alle Stadtbahnen: Anger, Biergarten/Bar/Tabakskolley: Mo–Sa 11.30–23, So 12–20 Uhr, Restaurant: Mo–Sa 18.30–23, So 12–20 Uhr, Hauptgerichte ab 11 €

Ein Hoch auf Brunnenkresse
Villa Haage G 7
1769 begann Heinrich Haage hier im heutigen Kressepark Brunnenkresse anzubauen. Das vitaminreiche und würzige Kraut hatte Christian Reichart im späten 17. Jh. kultiviert. Bis in die 1970er-Jahre waren die Klingen in Betrieb. Im Restaurant lernen Sie den fein würzigen Geschmack der Brunnenkresse kennen. Auch im Hofladen des Kresseparks gibt es fangfrischen Fisch (je nach Saison Forelle, Saibling, Karpfen).

Löbervorstadt, Motzstr. 8, Stadtbahn 6: Steigerstraße, T 0361 789 44 13, www.kressepark-erfurt.de, tgl. ab 11.30 Uhr, Hauptgerichte ab 11 €

Bitte klopfen!
Schnitzler Karte 2, C 3
Über 60 Schnitzelvariationen bietet das Lokal an. Alles wird erst geschnitten, paniert und gebraten, wenn Sie es bestellen! Die großen Fenster des Gastraums bieten einen herrlichen Blick auf das Treiben auf dem Domplatz.
Innenstadt, Domplatz 32, T 0361 644 75 57, www.schnitzler-restaurant.de, Stadtbahnen 3, 4, 6: Domplatz-Nord/Domplatz-Süd, tgl. 11–23 Uhr, Hauptgerichte ab 10 €

Gute Aussichten
Hopfenberg J 7
Fast 150 Jahre gibt es den Hopfenberg schon und er erfindet sich immer wieder neu. Die biologische, regionale und schmackhafte Frischeküche mit wechselnden Spezialitäten und Thüringer Hausmannskost lässt kaum Wünsche offen. Dazu süffige Biere, feine Weine und ein riesiger Biergarten mit fast 400 Plätzen. Dieser eröffnet einen Blick über Erfurt, den Sie sonst nirgends finden. Tagen, feiern oder einfach in die Ferne schauen.
Löbervorstadt, Am Hopfenberg 14, T 0361 262 50 00, www.hopfenberg.de, Stadtbahn 1: Landtag/IHK, Mi–Sa 11.30–14, 18–23, So 11.30–17 Uhr, Hauptgerichte ab 11 €

Zeitreise
Wirtshaus Schildchen
 Karte 2, D 1/2
Das Besondere am Schildchen sind seine sechs grundlegend verschieden gestalteten Bereiche: Das Mittelalter präsentiert sich im ›Eisernen Handschuh‹ und im ›Folterkeller‹, stilvolles Ambiente des 20. Jh. bieten das ›Herrenzimmer‹ und der Tresen, der Stil der Kolonialzeit wird im afrikanischen Bereich erlebbar und schließlich gibt es eine ruhige Terrasse.
Innenstadt, Schildgasse 3 und 4, T 0361 55 06 77 77, www.wirtshaus-schildchen.de, Stadtbahnen 3, 4, 6: Fischmarkt, 1, 5: Augustinerkloster, tgl. 10–1, warme Küche tgl. 10–22 Uhr, Hauptgerichte ab 8 €

Stöbern & entdecken

Über kurz oder lang

Auch wenn man bei dem Namen anders denken würde: Die Lange Brücke (Karte 2, C 3) ist die ›kürzeste Einkaufsmeile‹ in Erfurt. Sie verbindet den Hirschgarten mit dem Domplatz und liegt etwas abseits der ausgetretenen Touristenpfade. Hier können Sie nach Herzenslust in Antiquitätengeschäften, einem Hutladen und diversen Klamottenläden stöbern und haben gute Chancen, genau das Teil zu finden, von dem Sie bisher noch nicht ahnten, dass Sie es gerne hätten. Auf nicht einmal 300 m sind 40 Geschäfte angesiedelt, von A wie Antiquitäten über D wie Dessous bis U wie Uhren. Zur Langen Brücke gehören noch die abzweigenden Straßen Kettenstraße und Paulstraße, wo es auch kleine Läden gibt, die Außergewöhnliches anbieten.

Die Lädchen auf der Krämerbrücke (Karte 2, D 2) bieten ein ganz besonderes Stöber- und Shoppingerlebnis. Auf dem Anger, der Hauptgeschäftsstraße Erfurts, preisen Mode- und Schuhläden sowie Juweliere ihre Waren an. In der Schlösserstraße, zwischen Anger und Fischmarkt, sowie in der Marktstraße (zwischen Fischmarkt und Domplatz) gibt es ebenfalls zahlreiche Konsumverlockungen. Alle bekannten Unternehmen sind auch in Erfurt mit Filialen vertreten, ob Lebensmitteldiscounter oder Bekleidungshäuser.

ZUM SELBST ENTDECKEN

Öffnungszeiten
Die meisten Einzelhandelsgeschäfte in Erfurt sind Montag bis Freitag zwischen 10 und 18 Uhr geöffnet, viele haben auch samstags bis 18 Uhr geöffnet, Lebensmittelmärkte meist Montag bis Samstag zwischen 8 und 20 Uhr.

Durch die Marktstraße vom Domplatz zum Fischmarkt

Stöbern & entdecken

MUSIK LIEGT IN DER LUFT

Vinyl was my first love
Woodstock 🅿 nördlich H 1
Für Vinyl-Fans gibt es kein lohnenderes Ziel als das Woodstock im ehemaligen Empfangsgebäude des Bahnhofs Erfurt-Nord. Der Inhaber Joschi Korte kauft in ganz Europa und Übersee ein – und besorgt auch Platten nach Wunsch. Stöbern macht in diesem Laden einfach Spaß. Ein Coffeeshop (nicht mit den holländischen Coffeeshops verwechseln!) und der Club »Frau Korte« ergänzen das musikalische Angebot.
Ilversgehofen, Magdeburger Allee 179, T 0361 211 44 85, www.woodstock-ef.de, Stadtbahn 5: Grubenstraße, Di–Fr 12–19, Sa 10–16 Uhr

Was das (Musiker-)Herz begehrt
J & M Musikland 🅿 J 5
Ganz auf Musikinstrumente konzentriert: Besonders E-Gitarren, Digitalpianos, Drums und ein umfangreiches Zubehörsortiment lassen Musikerherzen höherschlagen. Die großen Namen der Hersteller sind natürlich vertreten!
Innenstadt, Juri-Gagarin-Ring 27–29, T 0361 602 05 90, www.musikland-online.de, alle Stadtbahnen: Anger, Mo–Fr 10–19, Sa 10–14 Uhr

Noten aller Stilrichtungen
Musikhaus Bauer & Hieber Erfurt 🅿 J 5
Die perfekte Ergänzung zur Instrumentenauswahl von J & M Musikland: Bei Bauer & Hieber können Sie im umfangreichsten Notensortiment Thüringens stöbern. Ob Klassik, Pop oder die Noten von den neuesten Hits – wenn es sie gibt, dann werden sie hier gefunden.
Innenstadt, Juri-Gagarin-Ring 27–29, T 0361 663 82 39, www.bauer-hieber.com, alle Stadtbahnen: Anger, Mo–Fr 10–19, Sa 10–14 Uhr

Gesucht? Gefunden!
Musikfundgrube 🅿 K 5
Vinyl, CDs, DVDs, Blechschilder und vieles mehr finden Sie in der Musikfundgrube. Vielleicht fehlt ja genau diese Schallplatte in Ihrer Sammlung?
Innenstadt, Juri-Gagarin-Ring 100, T 01577 263 73 28, http://musikfundgrube-erfurt.de, alles Stadtbahnen: Anger, Mo–Fr 10–13, 14–18, Sa 10–16 Uhr

DELIKATESSEN UND LEBENSMITTEL

Schokolade aus dem Dschungel
Goldhelm-Schokoladen-manufaktur 🅿 Karte 2, D 2
»Eine gute Schokolade braucht zuallererst einmal eine gute Bohne«, sagt Chocolatier Alexander Kühn. Seit 2012 arbeitet die Goldhelm-Schokoladenmanufaktur mit der Kooperative Mateo Pumacahua in Peru zusammen – das liegt im Dschungel und folglich wird hier in Erfurt also Dschungelschokolade gemacht. Die Kakaobohnen, die hierfür verarbeitet werden, sind bio-zertifiziert. Im dazugehörigen Werkstattcafé finden auch ausgefallene Dinner und Koch-Events statt.
Ladencafé: Innenstadt, Krämerbrücke 12–14, Mo–Sa 10–19, So 10–18 Uhr, **Werkstattcafé & -laden:** Innenstadt, Kreuzgasse 5, Mo–So 10–18 Uhr, Büro T 0361 660 98 51, www.goldhelm-schokolade.de, Stadtbahnen 3, 4, 6: Fischmarkt

Gönnen Sie sich ein paar Kalorien und lassen Sie Ihre Geschmacksknospen mal richtig arbeiten!

Stöbern & entdecken

HANDEL IN ALTER TRADITION

Jeden Vormittag, außer sonntags, erleben Sie auf dem Domplatz das Gewusel des Wochenmarktes. Ab 6.30 Uhr können Sie Blumen, Pflanzen, Stauden, Backwaren, Fleisch- und Wurstwaren, Fisch, Geflügel, Eier, Honig, Käse, Obst, Gemüse, eingelegte Spezialitäten und Produkte aus Bioanbau erwerben. Mi, Fr und Sa kommt noch der sogenannte Hartwarenmarkt dazu, auf dem Sie Haushaltswaren, Haushaltswäsche, Textilien und Kleintextilien, Schuhe, Berufsbekleidung, Spiel- und Schreibwaren sowie Uhren erwerben können. Das Bühnenbild dieses herrlichen Marktes bilden der Dom St. Marien und die Severikirche. Zur Stärkung während des Einkaufens wartet ein Stand mit Thüringer Bratwurst.
Wochenmarkt: 🛍 Karte 2, C 3, Domplatz, Stadtbahnen 3, 4, 6: Domplatz-Nord/Domplatz-Süd, Mo–Sa 6.30–14 Uhr

Feinkost-VIP
Gourmétage 🛍 Karte 2, D 3
Das bekannteste Delikatessengeschäft in Erfurt ist die Gourmétage im Kaufhaus Breuninger an der Ecke Schlösserstraße/Junkersand. Hier bekommen Sie nicht nur erlesene internationale und regionale Weine und Spirituosen, sondern auch Lebensmittel, die eigentlich eher zu den Genussmitteln zu zählen sind.
Innenstadt, Junkersand 4 (Kaufhaus Breuninger), T 0361 602 97 05, www.gourmetage.com, alle Stadtbahnen: Anger, Mo–Sa 10–20 Uhr

unfassbar!
Vom Fass 🛍 Karte 2, C 3
Besondere Öle, Essige und andere Spezialitäten in flüssiger Form bietet Vom Fass an der Einmündung der Marktstraße zum Domplatz an. Gewürzte und mit Kräutern aromatisierte Speiseöle kann man sich hier frisch in kleine und große Flaschen abfüllen lassen.
Innenstadt, Domplatz 11, T 0361 540 27 35, www.vomfass-erfurt.de, Stadtbahnen 3, 4, 6: Domplatz-Nord/Domplatz-Süd, Mo–Sa 10–18 Uhr

Stöbern & entdecken

Auf Ihr Wohl!
L'escargot 🛈 Karte 2, D 2
Im L'escargot bekommen Sie edle Weine aus Thüringen und Sachsen sowie aus den bekannten internationalen Anbaugebieten. Wer ungern die Katze im Sack kauft, kann die Weine gleich vor Ort verkosten. Und da man auf einem Bein schlecht steht, können Sie auch direkt einen kleinen Imbiss vor dem Laden zu sich nehmen.
Innenstadt, Krämerbrücke 32, T 0361 643 07 72, Stadtbahnen 3, 4, 6: Fischmarkt, Mo 13–19, Di–Fr 11–19, Sa 11–16 Uhr

Traditionell thüringisch
Tischlein deck dich! 🛈 Karte 2, C 3
Wurstwaren und Milchprodukte aus Thüringen, Honig aus der Schlossimkerei Tonndorf im Erfurter Umland und Hochprozentiges aus Neudietendorf. Es ist egal, ob Sie sich hier während Ihres Aufenthaltes selbst versorgen oder den Geschmack von Thüringer Produkten zu Hause genießen und dann noch einmal in Erinnerungen schwelgen wollen. Lernen Sie Erfurt und Thüringen auf kulinarische Art kennen
Innenstadt, Kettenstr. 11/12, T 0162 738 77 36 oder 696 67 99, www.tischleindeckdich-erfurt.de, Stadtbahnen 3, 4, 6: Domplatz-Süd, Mo–Fr 9.30–18.30, Sa 9.30–15 Uhr

Hält, was der Name verspricht
Genuss Potpourri 🛈 Karte 2, C 3
Erlesene Weine, feine Zigarren und Pfeifentabake. Kaffees verschiedener Anbaugebiete und hochwertige Spirituosen. Pralinen und Schokolade sowie Pasta und Pesto gibt es auch. Sie haben die Qual der Wahl.
Innenstadt, Lange Brücke 48, T 0361 644 17 4 14, www.lange-bruecke.de, Stadtbahnen 3, 4, 6: Domplatz-Süd, Mo–Fr 10–19, Sa 10–15 Uhr

Kultgetränk vergangener Tage
Sui Generis – der Absinthladen
🛈 Karte 2, C 3
Genießen Sie Absinth in gemütlicher Atmosphäre und entdecken Sie dabei die dazugehörigen Accessoires – wie Absinth-Gläser, -Löffel und Absinth-Fontainen.
Innenstadt, Kettenstr. 5, T 0361 600 97 57, www.absinthladen.com, Stadtbahnen 3, 4, 6: Domplatz-Süd, Di–Fr 11–19, Sa 10–17, Dez. Mo–Fr 11–19, Sa 10–20 Uhr

GESCHENKE, DESIGN, KURIOSES

Das macht sich doch mit links!
Linkshänder-Laden 🛈 Karte 2, D 2
Ein Paradies für Linkshänder: Der Shop bietet ein Sortiment von über 500 Produkten aus den Bereichen Schul- und Schreibwaren, Haushaltswaren, Lederwaren, Uhren, Computerartikel, Werkzeuge und Literatur, die für die Benutzung mit der linken Hand optimiert sind.

Eine Anekdote aus dem 12. Jh. erzählt von Till Eulenspiegel, der über den Markt zu Erfurt schlenderte. Ein Fleischer fragte Eulenspiegel: »Willst du nicht einen feinen Braten mit nach Hause nehmen?« Eulenspiegel antwortete: »Gern!« und nahm den dargebotenen Braten und wollte seiner Wege gehen. Da rief der Fleischer: »He! Du musst noch bezahlen!« Eulenspiegel erwiderte darauf: »Du hast mich nur gefragt, ob ich mir einen Braten mit nach Hause nehmen wollte! Von Bezahlen hast Du nichts gesagt! Die anderen Händler hier sind meine Zeugen!« Und diese anderen Händler nickten eifrig und grinsten bis über beide Ohren, denn sie konnten den Fleischer nicht besonders gut leiden. So hatte der das Nachsehen und musste Eulenspiegel den Braten ohne Geld überlassen. Ehe Ihnen schräge Gedanken kommen: Die heutigen Verkäufer kennen diese Geschichte, also: keine Chance!

Stöbern & entdecken

Vintage-Kameras und Zubehör für Fotografen gibt es auf der Krämerbrücke.

Innenstadt, Krämerbrücke 24, T 0361 55 04 84 40, www.linkshaenderladen-erfurt.de, Stadtbahnen 3, 4, 6: Fischmarkt, Mo–Fr 11–18, Sa 11–16 Uhr

Aufgeblasene Typen
Ballonideen 🛍 Karte 2, C 3

Der runde Jubeltag ereilt Sie auf Reisen? Sie brauchen ein Herz für einen spontanen Heiratsantrag? Wenn Ihnen dafür nur noch der passende Ballon fehlt, sind Sie hier richtig: Für jeden Anlass gibt es das passende Luftgebilde, ob als Ziffern geformte Ballons zum Geburtstag, Herzen für die Liebste/ den Liebsten und allerlei schöne und verrückte Dinge, die man einfach haben muss. Die Ballons werden mit reinster Erfurter Luft gefüllt, die schwebende Variante hingegen mit Helium.

Innenstadt, Paulstr. 23, T 0361 561 69 33, http://ballonidee.de, Mo–Mi 10–18, Do–Fr 10–19, Sa 10–13 Uhr

Stil eben!
Stilleben 🛍 Karte 2, D 2

Auf drei Etagen finden Sie hier nicht nur Erfurt-Andenken, sondern auch außergewöhnliche Haushaltsgegenstände – angefangen bei Rührlöffeln über Tischwäsche und -dekoration bis hin zu Teekesseln und Küchenmöbeln.

Innenstadt, Krämerbrücke 33, T 0361 561 29 26, www.stilleben-online.de, Stadtbahnen 3, 4, 6: Fischmarkt, Mo–Sa 10–19 Uhr

---

DENK AN ERFURT IN DER FERNE

Die **Erfurt Tourist Information** (🛍 Karte 2, D 2, ▶ S. 110) hat nicht nur Infos parat, sondern auch Bücher, Ansichtskarten und die beliebte Plüschfigur ›Erfurter Puffbohne‹ (▶ S. 120). Neben Erfurt-Souvenirs bekommen Sie bei der **Thüringer Tourismus Gesellschaft** (🛍 K 5, ▶ S. 111) Andenken aus ganz Thüringen.

Stöbern & entdecken

MODE UND ACCESSOIRES

Abgefahren!
Miss Hippie 🅿 J 5
Von Banken, Konzernen und Agenturen unabhängig bietet Miss Hippie fetzige Sachen abseits des Mainstreams an, die dazu meist noch nach ökologischen Gesichtspunkten produziert wurden. Und der Duft von Räucherstäbchen in diesem Laden ist einfach genial!
Innenstadt, Regierungsstr. 71, T 0361 642 11 11, www.hippie.de, Stadtbahn 2: Lange Brücke, Mo–Fr 10–19.30, Sa 10–17 Uhr

Pfaff hat Pfiff
Rubens/Mode Pfaff 🅿 Karte 2, C 3
Hier bekommt man durchaus eigenwillige und individuelle Mode, für Damen ebenso wie für Herren. Ein wahrer Lichtblick im Einerlei der großen Ketten, nicht nur, weil man hier auch Schickes in großen Größen findet.
Innenstadt, Paulstr. 1, T 0361 644 33 72, www.mode-pfaff.de, Stadtbahnen 3, 4, 6: Domplatz-Nord/Domplatz-Süd, Mo–Fr 10–19, Sa 10–18 Uhr

Schuhe, die nicht jeder Zweite trägt
Mbaetz 🅿 Karte 2, C 3
Mbaetz legt bei der Auswahl der Produzenten großen Wert auf die Nachhaltigkeit der Produktion. Die kleinen europäischen Manufakturen arbeiten mit exklusiven Materialien. Dass diese Schuhe auch noch einzigartig im Design und vor allem bequem sind, werden Sie selbst erleben.
Innenstadt, Marktstr. 27, T 0361 654 75 13, www.mbaetz.com, Stadtbahnen 3, 4, 6: Domplatz-Nord/Domplatz-Süd, Mo–Fr 10–18, Sa 10–16 Uhr

Edle Schätze
Juwelier Jasper 🅿 Karte 2, E 3
Uhren und Schmuck der gehobenen Preisklasse hat Juwelier Jasper: Rolex, Breitling, Rado, Tagheuer und die wertvollen Uhren aus den Manufakturen in Glashütte. Ein besonderes Kleinod ist der Erfurt-Ring, den es exklusiv nur hier gibt: Das aus 925er-Sterlingsilber gefertigte Schmuckstück zeigt die wichtigsten Sehenswürdigkeiten Erfurts: das Haus Zum kleinen Paradies, das Rathaus, das Wappen, die Krämerbrücke, den Mariendom und die Kirche St. Severi.
Innenstadt, Anger 28, T 0361 566 79 69, www.jasper-juweliere.de, alle Stadtbahnen: Anger, Mo–Fr 10–19, Sa 10–18 Uhr

Unikate!
Ute Wolff-Brinckmann
🅿 Karte 2, D 2
Auf der Krämerbrücke erhalten Sie individuell gestalteten Schmuck im Haus Nr. 5. Ute Wolff-Brinckmann bietet neben ihren eigenen Kreationen auch Anfertigungen befreundeter Goldschmiede. Allesamt sind sie sehenswerte Unikate!
Innenstadt, Krämerbrücke 5, T 0361 561 09 95, www.wolff-brinckmann.de, Stadtbahnen 3, 4, 6: Fischmarkt, Mo–Fr 10–18, Sa 11–16 Uhr

Schönste Mode zum Wohlfühlen
Lifandi 🅿 Karte 2, D 3
Finden Sie Mode für Alltag und besondere Anlässe! Marken wie Noa Noa, sorgenfri, Avoca, la fée maraboutée und Ellen Eisemann sind hier vertreten.
Innenstadt, Weitergasse 12, T 0361 64 41 87 56, Mo–Fr 11–18, Sa 10.30–16 Uhr

Ausgefallene Sachen gibt es reichlich. Die Modedesignerin Heike Gruber aus Erfurt schaffte es mit ihren Kreationen sogar schon ins Museum.

Wenn die Nacht beginnt

Junge Nächte in Erfurt

Erfurt ist durch die vielen jungen Leute, die an der Universität oder der Fachhochschule studieren, mit einem recht aktiven Nachtleben gesegnet. Die zahlreichen Kneipen in der Michaelisstraße (Karte 2, C 1–D 2) sind ab dem frühen Abend geöffnet und haben teilweise open end. Generell laden in der Altstadt viele Lokalitäten zu Kurzweil, eine ausgesprochene Partymeile gibt es nicht. Eher ist die ganze Stadt ein Ort des Vergnügens.

Klassische Musik – u. a. regelmäßige Orgelkonzerte – wird in vielen Kirchen aufgeführt, aber auch in der Kleinen Synagoge (▶ S. 30) und in den Spielstätten des Theaters Erfurt (▶ S. 108). Livemusik verschiedenster Richtungen gibt es im Museumskeller, im Haus der sozialen Dienste (Juri-Gagarin-Ring 150) oder im Stadtgarten. Die größeren Acts spielen in der Messehalle (Gothaer Str. 34, www.messe-erfurt.de), open air in der Multifunktionsarena oder auf dem Domplatz.

Neben dem Theater Erfurt sind die Puppenbühne im Waidspeicher (▶ S. 107), das Kabarett Die Arche (im selben Spielort) oder das Lachgeschoss in der Futterstraße (▶ S. 108) gute Adressen für Liebhaber gepflegter Theaterunterhaltung. Comedy und Kabarett, Travestie und Kleinkunst gibt es im DasDie bzw. DasDie Brettl.

ZUM SELBST ENTDECKEN

Vorverkauf
Tickets erhalten Sie in der Erfurt-Information (▶ S. 110), im Servicecenter der Zeitungsgruppe Thüringen (Meyfahrtstr. 19, Mo–Fr 10–18 Uhr), in der Thüringer Tourismus GmbH (▶ S. 111) und im EVAG-Mobilitätszentrum am Anger (Schlösserstr. 4, Mo–Fr 8.30–19, Sa 9.30–15 Uhr).

Nachts unterwegs – mit ERNA
Die Erfurter Nachtlinien bringen Sie Fr/Sa und Sa/So zwischen 1 und 4.30 Uhr sicher ans Ziel (www.stadtwerke-erfurt.de, ›Mobilität‹).

Am Ende einer langen Nacht

Wenn die Nacht beginnt

BARS UND KNEIPEN

Der alte Mann und seine Drinks
Hemingway ☼ Karte 2, D 2
Dass der große US-Autor dem Alkohol nicht abgeneigt war, ist allgemein bekannt. Ob das der Grund der Namensfindung dieser Bar ist, bleibt offen. Sicher ist: 144 verschiedene Sorten Gin, 137 Wodka- und 250 Rum-Sorten – daraus können nur leckere Drinks entstehen. Entspanntes Ambiente und alle Zeit der Welt.
Innenstadt, Michaelisstr. 45, T 0361 551 99 44, www.hemingway-erfurt.de, Stadtbahnen 3, 4, 6: Fischmarkt

Gediegene Atmosphäre
Willy B. ☼ K 5
Drinks und Speisen unter den ernsten Blicken Willy Brandts, saftige Steaks, leckere selbst gemachte Burger, Pasta und Salate auf zwei Ebenen. Das Willy B. ist eine gute Ausgangsbasis für Ausflüge in die Nacht. Ebenso prima kann man aber auch hier hängenbleiben – z. B. wenn Fußball oder sportliche Großereignisse über die Bildschirme flimmern.
Innenstadt, Willy-Brandt-Platz 1, T 0361 541 07 16, www.willy-b.de, tgl. 10–1 Uhr

Experimentell
Metropolitan Drinks ☼ Karte 2, C 2
Edle Cocktails im alten Fachwerkhaus: Allein das Ambiente ist es schon wert, die Pergamentergasse 33 zu besuchen. Die Drinks tun ihr Übriges. Experimentierfreudige versuchen einen der Molekularcocktails.
Innenstadt, Pergamentergasse 33a, T 0361 64 47 97 20, www.metropolitan-drinks.de, Stadtbahnen 3, 4, 6: Domplatz-Nord, Mo–Sa ab 18 Uhr open end

Schon der Eingang lässt auf eine stilvolle Erfahrung hoffen: Das Modern Masters residiert im Haus zum Schwarzen Horn, das im Mittelalter eine Buchdruckerei war.

Meisterhafte Cocktails
Modern Masters ☼ Karte 2, D 2
Der preisgekrönte (Welt-, Europa-) Meister im Cocktailmixen Torsten Spuhn begrüßt in seiner Bar Freunde edler Cocktailkreationen.
Innenstadt, Michaelisstr. 48, T 0361 550 72 55 www.modern-masters.de, Stadtbahnen 3, 4, 6: Fischmarkt, Di–Sa 18–2 Uhr, keine Kartenzahlung

---

WAS IST LOS IN DER STADT?

Über aktuelle Veranstaltungen in und um Erfurt informieren Magazine wie »ERFURTmagazin« (www.erfurt-magazin.info), »TAKT« (www.takt-magazin.de), »Blitz« (www.blitz-world.de) oder »tam.tam stadtmagazin« (www.tam-tam-stadtmagazin.de), die an vielen Orten in der Stadt kostenlos erhältlich sind. Auch die Tageszeitungen »Thüringer Allgemeine« und »Thüringische Landeszeitung« berichten, was wann wo stattfindet. Eine sehr gute Informationsquelle ist zudem die Website der Stadt Erfurt (www.erfurt.de, Rubrik ›Erleben und Verweilen‹).
Viele Kulturvereine legen Programme in Geschäften, Kneipen und Gaststätten aus. Man kann sich auch persönlich in der Erfurt-Information am Benediktsplatz oder in der Thüringen Tourist Information gegenüber dem Hauptbahnhof ein paar Tipps holen.

Wenn die Nacht beginnt

In memory of Molly
Molly Malone ✱ Karte 2, D 2
Fast jede Stadt hat einen Irish Pub, aber nicht jeder Irish Pub hat eine solch hübsche Terrasse über dem Breitstrom wie das Molly Malone in Erfurt!
Die hübsche Fischverkäuferin Molly Malone aus Dublin starb einst jung am Fieber – das ihr gewidmete Volkslied ist heute die inoffizielle Hymne der irischen Hauptstadt.
Innenstadt, Kürschnergasse 3, T 0361 64 41 23 80, www.molly-malone.de, Stadtbahnen 3, 4, 6: Fischmarkt, tgl. ab 17 Uhr

Irisches Lebenswasser
Dubliner Irish Pub ✱ J 5
Der größte Irish Pub in Erfurt bietet typisch irische Gerichte, frisch gezapftes Bier und eine Whiskey-Karte, die kaum einen Wunsch offenlässt. Regelmäßig kann man an Whiskey-Seminaren teilnehmen. Oft kommen Besucher in den Genuss von Livemusik.
Innenstadt, Neuwerkstr. 47a, T 0361 789 25 95, Stadtbahn 2: Lange Brücke, Mo–Do 17–23, Fr 17–2, Sa 15–2, So 15–23Uhr

LIVEMUSIK

Handgemachte Musik
Café Nerly ✱ Karte 2, C 3
Ein ›Hinterhof-Idyll‹! Und eine feine Adresse für handgemachte Musik. Hier ist die Nerly-Bigband zu Hause, eine Kapelle Erfurter Berufs- und Hobbymusiker. Hörenswert! Ein Salon im Stil der Zwanzigerjahre erwartet Sie.
Innenstadt, Marktstr. 6, T 0361 381 32 55, www.cafe-nerly.de, Stadtbahnen 3, 4, 6: Fischmarkt, Mo–Fr 16–24, Sa, So 12–24 Uhr

Studentenklub
Engelsburg ✱ Karte 2, C 2
Im historischen Ambiente der Humanistenstätte Zur Engelsburg hat das Studentenzentrum neben dem Café Steinhaus mit Biergarten ein Kellergewölbe mit mehreren Bars und Floors ausgestattet. Hier wird ein kunterbuntes Programm präsentiert sowie Musik jeglicher Richtung zum Tanzen gespielt. Beliebt bei Studenten und fast immer ein Garant für einen feuchtfröhlichen, lustigen Abend.

Ein seltener Anblick fürs Foto-Album: Wenn der Strom der Touristen verebbt ist, dann kehrt auch auf der Krämerbrücke mal Ruhe ein.

Wenn die Nacht beginnt

Innenstadt, Allerheiligenstr. 20/21, T 0361 24 47 71 12, www.eburg.de, Stadtbahnen 3, 4, 6: Fischmarkt, tgl. ab 12 Uhr

Gediegener Jazz
Presseklub ✪ H 5
Wie der Name vermuten lässt, trafen sich hier früher Journalisten und Medienleute. Besonders Jazz wird hier zelebriert, aber auch andere Musikrichtungen. Die perfekte Mischung aus Cocktailbar, Lounge und Musikclub macht den Presseklub zu einer sehr beliebten Partyadresse.
Innenstadt, Dalbergsweg 1, T 0361 789 45 65, www.presseklub.net, Stadtbahn 2: Karl-Marx-Platz

Altehrwürdig
Stadtgarten ✪ H 5
Die meisten Veranstaltungen beginnen gegen 21 Uhr, die beliebten Spieleabende gegen 18 Uhr. Schon für unsere Großeltern war der Stadtgarten ein Synonym für Tanz und Nachtleben. Heute bietet er Veranstaltungen jeglicher Art, vom Spieletreff unter der Woche bis zum ausgewachsenen Konzert am Wochenende.
Innenstadt, Dalbergsweg 2a, T 0361 65 31 99 88, www.stadtgarten-erfurt.de, Stadtbahn 2: Karl-Marx-Platz

Café, Ausstellungen und Musik
Franz Mehlhose ✪ J 5
Ob sich junge Künstler mit ihrer ersten Ausstellung dem Publikum stellen oder Newcomerbands ihren ersten Auftritt im Franz Mehlhose haben – es ist eine ganz besondere Atmosphäre in diesem musikalischen Haus.
Innenstadt, Loberstr. 12, I 0361 566 02 03, www.franz-mehlhose.de, Stadtbahnen 1, 3, 4, 5, 6: Hauptbahnhof, Café: Di–So 15–21 Uhr

Die beste Kellerparty
Museumskeller ✪ Karte 2, E 1
Jahr für Jahr gut 100 intime Konzerte im ›Mus-Keller‹. Die größeren Acts finden im benachbarten ehemaligen Gewerkschaftshaus statt. Die Palette reicht vom Singer-Songwriter über Folk bis hin zur fetzigen Rock- und Bluesband.

HIER TANZEN DIE PUPPEN

Puppenbühne im Waidspeicher ✪ Karte 2, C 3
Die Puppenspiel-Vorführungen sind nicht nur für Kinder ein Spaß. Alle zwei Jahre ist der Waidspeicher zudem Veranstaltungsort für das Puppenspielfestival Synergura.
(▶ Kabarett Die Arche S. 108), www.waidspeicher.de

Puppentheater Erfreuliches Theater ✪ Karte 2, C 3
Szenische Lesungen sowie Theaterprojekte an verschiedenen Spielstätten komplettieren das Programm, das auch für Erwachsene interessante Veranstaltungen bereithält.
Innenstadt, Domstr. 1a, Karten- und Info-Telefon 0361 642 24 98, www.erfreulichestheater.de, Stadtbahnen 3, 4, 6: Domplatz-Nord/Domplatz-Süd

Innenstadt, Juri-Gagarin-Ring 140a, T 0361 562 49 94, www.museumskeller.de, Stadtbahn 3, 4, 6: Fischmarkt, 10 Min. Fußweg Richtung Juri-Gagarin-Ring, Stadtbahn 1, 5: Stadtmuseum/Kaisersaal, 5 Min. Fußweg Richtung Juri-Gagarin-Ring

Newcomer und ›NoNames‹
Ilvers ✪ nördlich J 1
Das Ilvers in der Nordstadt bietet oft Livemusik und Konzerte, von Ska über Rock'n'Roll bis Grunge. Der Klub gehört zu den angesagtesten Ausgehadressen in Erfurt.

Wenn die Nacht beginnt

KULTUR IN ERFURT

Das **Theater Erfurt** (Karte 2, A 3, www.theater-erfurt.de) programmiert Sinfoniekonzert, Oper, Operette, Musical und natürlich Theater auf höchstem Niveau. Und das Ganze in einem architektonisch höchst interessanten Gebäude. In einem ehrwürdigen Bau aus dem späten 19. Jh. können Sie in der **Alte Oper/DasDie** (H 5, www.dasdie.de) Operetten, Musicals und auch Kleinkunst genießen.
Das zurzeit einzige dauerhaft spielende Sprechtheater Erfurts, das **Theater im Palais** (Karte 2, C 1, www.theaterimpalais.de) begeistert das Publikum vor allem mit Komödien.
Die Schotte (Karte 2, E 2, www.theater-die-schotte.de) ist eine der bemerkenswertesten Theaterunternehmungen in Erfurt. Hier spielen Kinder und Jugendliche unter kompetenter Anleitung Klassiker ebenso wie moderne Gegenwartsstücke.

Ilversgehofen, Magdeburger Allee 136, T 0361 430 37 41, www.ilvers.de, Stadtbahn 1, 5: Ilvergehofener Platz, Di–Sa ab 17 Uhr, bei Konzerten ab 20 Uhr

BRETTER, DIE IN ERFURT DIE WELT BEDEUTEN: KABARETT

Große Kleinkunst
DasDie Brettl (J 5
Hier gibt es Kleinkunst vom Allerfeinsten: Matthias Richling, Jürgen von der Lippe, Gernot Hassknecht – um nur einige Namen zu nennen.

Innenstadt, Lange Brücke 29, Karten- und Info-Telefon 0361 55 11 66, www.dasdie.de, Stadtbahn 2: Lange Brücke

Lachen ist die beste Medizin
Kabarett Das Lachgeschoss
Karte 2, E 2
Die urgemütliche Kleinkunstbühne wurde im Dachgeschoss eines ehemaligen Waidhändlerhauses eingerichtet. Eine Lachanstalt für alle.

Innenstadt, Futterstr. 13, Karten- und Info-Telefon 0361 663 58 86, www.lachgeschoss.de, Stadtbahnen 3, 4, 6: Fischmarkt, 1, 5, Stadtmuseum/Kaisersaal

Erfurts satirisches Gewissen
Kabarett Die Arche Karte 2, C 3
Der Waidspeicher ist die Heimat des Ensembles Die Arche, das aktuelle Ereignisse aus Lokal- und Weltpolitik aufs Korn nimmt.

Innenstadt, Domplatz 18, Theater im Waidspeicher, T 0361 598 29 24, www.kabarett-diearche.de, Stadtbahnen 3, 4, 6: Domplatz-Nord/Domplatz-Süd, Kartenvorverkauf Di–Fr 10–14, 15–17.30, Sa 10–13 Uhr

TANZEN

Chic und cool
Club Eins G 7
Platz für 500 Gäste auf dem Mainfloor. Dem überwiegend jungen Publikum (20–25 Jahre) wird Black Music, Techno, R'n'B und House geboten. Dazu zwei Bars, zwei Emporen und ein VIP-Bereich. Der Klub hat das beste Soundsystem Thüringens!

Löber-Vorstadt, Steigerstr. 18, T 0361 540 09 54, www.clubeins.de, Stadtbahn 6: Steigerstraße, 2 Min. Fußweg, Mi, Fr, Sa 23–5 Uhr

An historischer Stätte
Musikpark Erfurt K 5
Im ehemaligen Hotel Erfurter Hof am Willy-Brandt-Platz lädt der Musikpark Erfurt regelmäßig zu Tanz und Musik. Diese Großdiskothek wurde während der Sanierung des einstigen Hotels

Wenn die Nacht beginnt

eingerichtet. In den verschiedenen Floors wird auch unterschiedliche Musik gespielt: House, Black, Techno und aktuelle Charts. Für Junggebliebene.
Innenstadt, Willy-Brandt-Platz 1A, T 0361 550 40 82, www.musikparkerfurt.de, Stadtbahnen 1, 3, 4, 5, 6 Hauptbahnhof, Do–Sa 22–5 Uhr

Jüngster Club in Erfurt
StageClub ✺ J 5
Eine feine Adresse für die Entspannung nach einem anstrengenden Tag in der Stadt. Abtanzen, Musikhören, Drinks und Cocktails. Musikmix der letzten drei Jahrzehnte. Für junge Leute ab 21.
Innenstadt, Lange Brücke 29, T 0361 55 11 66, www.stageclub-erfurt.de, Stadtbahn 2: Lange Brücke

Tanz- und Nachtklub im Zughafen
Kalif Storch ✺ L 5
Musik zum Abhotten fürs Szenevolk. Das Getränkeangebot entspricht dem Geschmack des jungen Publikums. Auch Konzerte findet im Zughafen statt.

KINO IN ERFURT

Seit mehr als 35 Jahren hat sich der **Kinoklub Erfurt** (✺ Karte 2, E 3, www.kinoklub-erfurt.de) der Filmkunst jenseits des Mainstream verschrieben. In intimer Atmosphäre und mit modernster Technik werden Filme gezeigt, die es in den Multiplexkinos eher nicht auf die Leinwand schaffen.
Das ganze Gegenteil bietet der **Cinestar** (✺ J 5, www.cinestar.de): Hier versprechen acht Kinosäle mit mehr als 2000 Sitzplänen Filmgenuss. Wer klassische Musik mag, kann hier die Übertragungen der Aufführungen in der Metropolitan Opera New York und aus anderen weltbekannten Spielstätten verfolgen.

Zum Güterbahnhof 20, T 0361 430 40 14, geöffnet meist ab 20 Uhr, Termine unter www.kalifstorch.com

Theater Erfurt, nicht nur architektonisch ein Schwergewicht

Hin & weg

ANKUNFT

...mit dem Bus
Die meisten Besucher kommen mit dem Bus in die Stadt, z. B. dem Flixbus (www.flixbus.de) oder dem Berlin-Linien-Bus (www.berlinlinienbus.de). Der **Zentrale Omnibusbahnhof** (Karte K 5, ZOB, Willy- Brandt-Platz) liegt mitten in der Stadt und dem Hauptbahnhof gegenüber.

...mit der Bahn
In der Mitte Deutschlands gelegen, ist Erfurt seit über 150 Jahren ein wichtiger Eisenbahnknotenpunkt der Magistrale Frankfurt/Main – Erfurt-Halle/Leipzig und Ruhrgebiet-Kassel-Erfurt-Chemnitz. Strecken nach Sangerhausen/Magdeburg, nach Nordhausen, Bad Langensalza sowie Saalfeld und Meiningen/Schweinfurt zweigen in Erfurt ab. Alle Züge halten bzw. beginnen oder enden am **Hauptbahnhof Erfurt** (Karte K 5), der am südlichen Rand der Altstadt liegt. Aus allen Großstädten Deutschlands kommen Sie mit ICE oder IC im Stunden- bzw. 2-Stunden-Takt nach Erfurt. Aus der Schweiz (Bern) erreichen Sie Erfurt mehrmals täglich mit ICE (max. drei Umstiege, Fahrzeit knapp 7–8 Std.), aus Österreich (Wien) mehrmals täglich (ca. drei Umstiege, Fahrzeit ab 8 Std.). Aktuelle Informationen finden Sie unter www.bahn.de.

PARKPROBLEME?

Parken & P + R
Sie können mit dem Pkw direkt in die Innenstadt fahren, allerdings gibt es nur begrenzt Parkmöglichkeiten und viele Straßen und Gassen der Innenstadt sind als Anliegerstraßen ausgewiesen, in denen Parken nicht erlaubt ist. Deshalb empfehle ich die Nutzung der P + R-Parkplätze an der Peripherie. Die Stadtbahn fährt zwischen 6 und 18 Uhr im 10- bzw. 20-Minuten-Takt und spätestens in 25 Minuten erreichen Sie entspannt die Innenstadt. Wer es dennoch auf vier Rädern wagt: Zwei Ringstraßen umschließen die Innenstadt: Juri-Gagarin-Ring und Stauffenbergallee. Von dort gelangen Sie in die Altstadt – Ausschilderung »Zentrum« oder »Altstadt«. Alle Hotels in Erfurt sind mit dem Pkw gut zu erreichen und verfügen meist über hoteleigene Parplätze.

...mit dem Auto
Der Erfurter Ring, bestehend aus der A 4 im Süden, der A 71 im Westen und Norden sowie der ›Ostumfahrung‹, die von der A 71 im Norden zur B 7 (Ost) zum Autobahnzubringer verläuft, umschließt die Stadt vollständig. Aus Richtung Süden benutzen Sie die A 7 und A 71 bzw. A 71 und A 73 aus Bayern, A 7 und A 4 aus dem Norden, A 4 bzw. A 9/A 4 aus Richtung Osten und die A 4 aus Richtung Westen. Über eine Vielzahl von Anschlussstellen ist eine gezielte Anfahrt des Stadtgebiets möglich.

INFORMATIONEN

Erfurt Tourist Information: Karte 2, D 2, Benediktsplatz 1, T 0361 664 00, www.erfurt-tourismus.de, Mo–Fr 10–18, Sa (Jan.–März) 10– 16, Sa (April–Dez.) 10–18, So 10–14 Uhr

Hin & weg

ERFURT CARD & THÜRINGEN CARD

Erleben und erfahren Sie das breite Kultur- und Erlebnisangebot Erfurts mit der **ErfurtCard.** Diese Städtekarte kann von einer Person für 48 Stunden genutzt werden. Für 12,90 € haben Sie freie Fahrt im städtischen Nahverkehr. Sie können ohne weitere Kosten an der Stadtführung »Erfurt – Faszination einer historischen Stadt erleben« teilnehmen und alle städtischen Museen besuchen. Bei speziellen Führungen und vielen weiteren Kultur- und Erlebnisangeboten zahlen Sie ermäßigte Preise. Informationen zu Verkaufsstellen und Partnern finden Sie auf www.erfurt-tourismus.de.
Wer länger in Thüringen bleibt, für den kann auch die **ThüringenCard** interessant sein: 200 Sehenswürdigkeiten sind enthalten. Es gibt sie als Tages-, 3- oder 6-Tagesticket. Näheres auf www.thueringen-entdecken.de.

Tourist Information Thüringen:
K 5, Willy-Brandt-Platz 1, T 0361 374 20, www.thueringen-tourismus.de, Mo–Fr 9–19, Sa/So 9–16 Uhr.
EVE – Touristinformation in Erfurt: August-Röbling-Str. 11, Service-Hotline T 0361 380 39 50, www.erfurt-tourist information.de hält Informationen zu Übernachtungsmöglichkeiten bereit. Ob Sie Eintrittskarten für Veranstaltungen in Erfurt benötigen, eine Stadtführung buchen oder Ihren gesamten Aufenthalt in Erfurt durchplanen wollen, online können Sie Ihre Wünsche angeben.
www.erfurt-web.de: Erfurt-Web – die Erfurt-Enzyklopädie: Historiker, Journalisten und Geschichtsinteressierte schreiben an dieser Enzyklopädie.

REISEN MIT HANDICAP

Barrierefreie Angebote und Unterkünfte sowie weitere Informatioen sind unter ›Erfurt‹ auf der Website www.barriere freie-reiseziele.de zusammengefasst.

SICHERHEIT UND NOTFÄLLE

Polizei: T 110
Feuerwehr, Rettungsdienst: T 112
Krankentransport: T 0361 741 51 15
Kassenärztlicher Notfalldienst: T 0361 781 48 33 / -34 (Mo, Di, Do 19–7, Mi, Fr 13–7, Sa, So, Fei 7–7 Uhr,
Helios Klinikum (G 1/2, Nordhäuser Str. 74, T 0361 78 10, www.helios-kliniken.de/klinik/erfurt).

UMWELTFREUNDLICH UNTERWEGS IN ERFURT

Stadtbahn
Das Streckennetz der Stadtbahn ist hervorragend ausgebaut und vernetzt, Bahnen und der Bus der Linie 9 fahren Mo–Fr 6–18 Uhr im 10-Minutentakt. An der Haltestelle Anger haben Fahrgäste die Möglichkeit in alle Stadtbahnlinien umzusteigen.

Für alle, die es ganz genau wissen wollen: Unter www.erfurt.de/ef/de/erleben/entdecken/geschichte/chronik/index.html finden Sie eine Chronik mit genauen und verbürgten Fakten und Daten aus der Erfurter Geschichte. Ich schaue sehr oft auf diese Webseite – zum einen, um Ihnen nichts Falsches zu erzählen und zum anderen, weil es mich selbst immer noch interessiert und ich dort auch neue Themen finden kann. Beeindrucken Sie mit Ihrem Wissen doch mal Ihren Stadtführer!

Hin & weg

Die Stadtbahnlinie 1 verkehrt vom Europaplatz zur Thüringenhalle, Linie 2 vom Ringelberg zur Messe/ega, Linie 3 vom Europaplatz zum Urbicher Kreuz, Linie 4 vom Flughafen Erfurt-Weimar bzw. Bindersleben zum Wiesenhügel, Linie 5 vom Zoopark zum Hauptbahnhof und Linie 6 vom Rieth zur Steigerstraße.

Stadtbus
Einzige Stadtbuslinie im Erfurter City-Takt ist Linie 9 (Nordbahnhof – Daberstedt). Die Linienbusse bedienen meist die eingemeindeten Stadtteile und sind für Touristen von geringer Bedeutung. Es sei denn, Sie wollen nach Kranichfeld bzw. Hohenfelden oder finden, dass eine Besichtigung der Plattenbauten im Norden oder Südosten der Stadt lohnenswert ist.

Tickets
Ein Einzelfahrt-Ticket für die Stadtbahn kostet 2 €. Günstiger ist eine 4-Fahrten-Karte (nur im Vorverkauf) für 7,20 €. Die Tickets sind ab Entwertung bei Fahrtantritt jeweils eine Stunde gültig. Noch preiswerter wird es, wenn Sie eine Tageskarte erwerben, die den ganzen Tag bis zum nächsten Morgen 3 Uhr gilt: Sie bezahlen 5,10 € und dürfen beliebig oft in Bus und Bahn einsteigen und zu Ihrem nächsten Ziel fahren. Sollten Sie zu mehreren unterwegs in Erfurt sein, ist die Gruppen-Tageskarte für 10 € zu empfehlen. Schon zu zweit hat man 50 Cent gespart. Die GruppenTageskarte ist für maximal 5 Personen gültig.

Eltern oder Großeltern können jeweils beliebig viele eigene Kinder oder Enkelkinder unter 15 Jahren mitnehmen. Statt Personen können bis zu zwei Fahrräder mitgenommen werden.

Kauf/Entwertung: 4-Fahrten-Tickets, Tages- und Gruppentageskarten sind im Vorverkauf (EVAG-Mobilitätszentrum

Kurze Pause? Einen Sitzplatz findet man in der verwinkelten Altstadt immer.

Hin & weg

am Anger, bei den EVAG-Agenturen sowie an den EVAG-Automaten der Haltestellen) unentwertet erhältlich. Bei Kauf der Tages- und Gruppentageskarte in den Fahrzeugen sind diese schon entwertet. Einzelfahrten sind im Bus beim Fahrer, in den Stadtbahnen am Automaten erhältlich.

Fahrradfahren
Das Fahrrad-Parkhaus Radhaus mit 350 Stellplätzen direkt am Hauptbahnhof bietet auch Mieträder an. Die im Radhaus befindliche Servicewerkstatt sorgt für den einwandfreien technischen Zustand. Hier gibt es auch einen speziellen Radfahrerstadtplan von Erfurt.
Am Radhaus am Dom (Andreasstr. 28) können Sie ebenfalls Fahrräder mieten.

STADTFÜHRUNGEN

Mit dem **Altstadt-Express** geht's durch die Innenstadt und hinauf zum Petersberg. Abfahrtszeiten an der Haltestelle »Altstadt-Express« Domplatz Süd: April Do–So, Fei stdl. 10.30–15.30 Uhr; Mai–Okt. So–Fr 10.30–15.30 Uhr, Sa letzte Abfahrt 16.30 Uhr; 1.–27. Nov. Sa stdl. 10.30–15.30 Uhr; 26. Nov.–22. Dez. So–Fr stdl. 10.30–15.30, Sa letzte Abfahrt 16.30 Uhr (7,50 €)
Ein besonderes Erlebnis ist eine Rundfahrt mit den **historischen Straßenbahnen.** Die Bahn mit der Nummer 92 (Bj. 1938) war bis Mitte der 1960er-Jahre im Liniendienst in Erfurt eingesetzt, die Bahn mit der Nummer 178 (Bj. 1965) wurde 1989 ausgemustert. An die Fahrt mit der Straßenbahn schließt sich ein etwa 30-minütiger Rundgang durch die Altstadt an mit dem Ziel Krämerbrücke. Die beiden historischen Straßenbahnen können auch für Gruppen gebucht werden über Erfurt Tourismus (▶ S. 110). Abfahrtszeiten an der Haltestelle »Altstadt-Express« Domplatz Süd: Jan.–März, Nov. Sa, So 11, 14 Uhr, April Do, Fr, Sa, So 11, 14 Uhr, Mai–Okt. 28. Nov.–22. Dez. tgl. 11, 14 Uhr, zusätzlich Do, Fr, Sa 16 Uhr (14 €)
Weitere Straßenbahnen und Busse können direkt bei der EVAG für Gruppen

Mitte der 1980er-Jahre kam irgend jemand auf die Idee, die kleinen grünen Ampelmännchen mal eben nicht nur als Männchen zu malen. Ein echter Hingucker! Ihnen werden an Erfurter Ampeln auch kleine grüne Wanderer, Bäcker und Eis essende Spaziergänger begegnen.

gemietet werden (www.stadtwerke-erfurt.de, Menüpunkte ›Mobilität‹, ›Freizeit und Tourismus‹).
Stadtführungen buchen Sie bei der Tourist-Information am Benediktsplatz (▶ S. 110). Ob Altstadtführung, Funzelführung unter dem Petersberg oder »Schnapsidee«, ob auf Bach'schen Wegen durch die Stadt, mit der »Magd Marie« oder dem »Wein-Mönch« – die Auswahl an Stadtführungen ist groß. Auch die EVE-Touristinformation bietet verschiedene Stadtführungen an. Aktive können sich auch auf einen **Segway** schwingen und wer lieber ganz individuell erkunden möchte, leiht sich einen **iGuide** aus, einen Minicomputer, der über verschiedene Stationen durch die Stadt führt. Für Gehörlose wurde eine **Führung in Gebärdensprache** entwickelt, die auf einem iPod abspielbar ist. Und wenn Sie einmal etwas ganz besonderes erleben wollen, dann rufen Sie mich an (▶ S. 81).

O-Ton Erfurt

Figugchen machen
albern sein

Bumbaumeln
Löwenzahn

BLEM-BLEM
dumm sein

glotzen/Glotzen
schauen, sehen/Augen

daddarzu
dazu (... sage ich gar nichts)

bläken
(herum-)schreien

MUKÜBCHEN
Marienkäfer

Gehste nunner vonner Schossee! Kommt'n Auto fährtsch übern Wanst!
Diese einem Kind hinterhergerufene Warnung vor dem Überqueren der Straße beschreibt den hier beheimateten Klang der Sprache hinlänglich

Battrie
Akku, Batterie

Braunkärsch
Brunnenkresse

nauf, naus, nunner
hinauf, hinaus, hinunter

Register

A
Accessoires 103
Ägidienkirche **26,** 81
Ägidienkirchturm 81
Alhambra-Filmtheater 63
Allerheiligenkirche 83
Allerheiligenstraße 90
Alte Erfurter Universität 11
Alte Oper/DasDie 108
Alter Erfurter Universität 34
Alte Synagoge 11, 16, **28**
Altstadtcafé 93
Altstadt-Express 113
Altstadtkneipe Noah 95
Ampelmännchen 113
Anger 11, **64,** 90
Anger 1 65
Angermuseum 11, **67**
Anreise 110
Augustinerkirche 58
Augustinerkloster 11, **57,** 89
Augustinerkloster zu Erfurt (Übernachten) 89
Ausgehen 104
Aussichtspunkte 75, **81**
Aussichtsturm egapark 75, **81**
Auto 86, 110

B
Bach, Johann 26
Bach, Johann Sebastian 7, 26, 65
Bachmann Hotel am Kaisersaal 89
Bachstelzencafé 73, **96**
Bademeisterhaus des Espachbades 72
Baden 73
Bahn 110
Balkon der Erfurter 81
Ballenberger 91
Ballonideen 102
Barfüßerkirche 82
Barrierefrei 80, 111, 113
Bars 105
Bartholomäusturm 8, 11, **68,** 81
Bastion Leonhard 50
Bauhaus (Architekturstil) 79
Benediktskirche 26
Bibliotheca Amploniana 36
Bibliothek des evangelischen Ministeriums 59
Bier 8, **37,** 39
Biereigenhöfe 37
Biergarten Bachstelzencafé 73
Bismarck, Otto von 58
Bonifatius 41, 42
Born-Senf-Museum 78
Bratwurst 4, 90
Bronzenes Stadtmodell 22
Brühl 10, 44, **46**
Brühler Garten 10, **84**
Bürgerpark 51
Bus 110

C
Café da Vinci 93
Café Flo 93
Café Nerly 106
Café Nüsslein 91
Café Rommel 62
Café Wildfang 92
Caravanstellplatz Am Saunabad Trautmann 87
Carillon 8, **68,** 81
Cinestar 109
Club Eins 108
Cognito 92
Collegium maius 35
Cyriaksburg 74

D
Dämmchen 25, **84**
DasDie Brettl 108
DaVinci 47
Defensionskaserne 50
Delikatessen 99
Denkmal für Christian Reichart 71
Denkmal für Richard Breslau 71
Denknadeln 30
Design 101
Deutsches Gartenbaumuseum 76
Die Schotte 108
Domberg 41
Domplatz 10, **45,** 90
Dom St. Marien 10, **41**
Domstufenfestspiele 47
Double B 91
Dreienbrunnen 72
Dreienbrunnenbad 73
Dreifaltigkeitskapelle 60
Druckereimuseum 78
Dubliner Irish Pub 106
Due Angeli 96

E
egapark (ega) 9, **74**
Einkaufen 98
Eiscafé Rialto 94
Elisabeth-Kapelle 82
Engelsburg 106
Erfordia turrita 5
Erfruit 92
ErfurtCard 111
Erfurter Museen 80
Erfurter Römer 21
Erfurter Schatz 28
Erfurt Tourist Information 102, **110**
Erinnerungsort Topf & Söhne 79
ERNA 104
Essen und Trinken 90
EVE – Touristinformation in Erfurt 111

F
Fahrrad 8, 69, 70, 113
Fahrradparkhaus 70
Fam-Café 22
Faustfood 96
Faustus 92
Fellini 22
Feuerkugel 94
Fischmarkt 11, **20,** 90
Flutgraben 10
Franz Mehlhose 107
Freier Eintritt 80
Freizeitpark Hohenfelden 87
Frühstücken 91
Führungen 50

Register

G

Gartenbaumuseum 75
Gasthausbrauereien 95
Gasthaus Waldhaus **40,** 95
Gasthaus Waldkasino **40,** 95
Gasthaus zum Goldenen Schwan **32,** 95
Gasthof Hohe Lilie 10
Gebärdensprache 113
Genuss Potpourri 101
Georgenburse 59, 88
Geschenke 101
Gildehaus 22
Glashütte (Restaurant) 50
Gloriosa 43
Goldhelm-Schokoladenmanufaktur 25, **99**
Goldhelms »Schokoladen«-Pension-Krämerhaus 89
Gourmétage 100
green republic 92
Grüne Apotheke 10

H

Handel 22, 46
Handelsstraße (Via Regia) 22
Hauptbahnhof Erfurt 110
Hauptpostamt **56,** 66
Haus Dacheröden 68
Haus der Stiftungen (Krämerbrücke) 25
Haus zum Breiten Herd 21
Haus zum Güldenen Krönbacken 32
Haus zum Affen 25
Haus zum Güldenen Stern 54
Haus zum Paradies 23
Haus zum Riesen 40
Haus zum Roten Ochsen 21, 40
Haus zum Roten Stern 88
Haus zum Schwarzen Horn 36
Haus zum Schwarzen Löwen 66
Haus zum Schwarzen Ross 26
Haus zum Sonneborn 33, 38
Haus zum Sternberg 33
Haus zum Stockfisch 61
Haus zur Arche Noae und Engelsburg 59
Haus zur Grünen Aue und zum Kardinal 66
Haus zur Güldenen Krone 21
Haus zur Lauenburg 39
Heckel, Erich 66, 68
Heizwerk 47
Helios Klinikum 111
Hemingway 105
Hilgenfeld 94
Hirschgarten 84
Historische Straßenbahn 113
Hopfenberg 97
Hotel Zumnorde am Anger 88

I

IBB Hotel Erfurt 88
iga – Internationale Gartenbauausstellung der sozialistischen Länder (iga) 75
iGuide-Stadtführung 113
Ilvers 107
Informationsquellen 110
Informationsquellen im Internet 5, 111

J

Japanischer Garten 75
J & M Musikland 99
Judeneid 28
Jüdische Gemeinde 16, **29**
Jüdisches Viertel 27
Jugendherberge Erfurt 87
Juwelier Jasper 103

K

Kabarett 108
Kabarett Das Lachgeschoss 108
Kabarett Die Arche 108
Kaiserliche Oberpostdirektion 67
Kalif Storch 109
Kanufahren 73
Kaserne A 51
Kaufmannskirche 11, **65**
KiKa 75
Kino 109
Kinoklub Erfurt 109
Kleines Café 91
Kleine Synagoge 30
Klosterkirche Sankt Peter und Paul 50
Kneipen 105
Kommandantenhaus 51
Konspirative Wohnungen 52
Köstritzer – Zum Güldenen Rade 40, **95**
Krämerbrücke 4, 11, 12, **24,** 98
Krämerbrückenfest 26
Kromer's 92
Kulturförderabgabe 87
Kulturhof Krönbacken 31
Kunsthalle Erfurt 21
Künstlermuseum für Konkrete Kunst 51
Kurioses 101

L

Landesbehörde Thüringen des Beauftragten für die Stasi-Unterlagen 53
Lange Brücke 98
Lebensmittel 99
Lecobo 47
L'escargot 25, **101**
Lifandi 103
Linkshänder-Laden 25, **101**
Livemusik 106
Luftschutzkeller im Wigbertihof 79
Luisenpark 72
Luther, Martin 6, 11, 21, 36, 57, 65

Register

M
Magazine 105
Margarethe-Reichardt-Haus 79
Maria Ostzone 96
Marktplatz 46
Mbaetz 103
MDR-Landesfunkhaus Thüringen 75
Meister Eckhart 82
Metropolitan Drinks 105
Michaeliskirche 60
Michaelisstraße 90, 104
Mietfahrräder 70
Mikwe 27, 29
Miss Hippie 103
Mode 103
Modell der Stadt 63
Mode Pfaff/Rubens 103
Modern Masters 105
Molly Malone 106
Monumentalbrunnen am Anger 68
Mundlandung 26, **91**
Museen 80
Museumsführungen 80
Museumskeller 107
Museum Thüringer Volkskunde 79
Musik 42, 99
Musikfundgrube 99
Musikhaus Bauer & Hieber Erfurt 99
Musikpark Erfurt 108

N
Naturkundemuseum 78
Nehrlich, Friedrich 67
Neue Synagoge 30
Neue Erfurter Universität 36
Neue Wache 51
Noah 39
Notfälle 111
NUMA 94

O
Öffnungszeiten 80, 98
Öffentlicher Nahverkehr 111
Opera Hostel 87
Orgelkonzert 42, 104

P
Parken 110
Pension Domblick 88
Pension Sackpfeifenmühle 88
Pergamentergasse 90
Peterskloster 48
Peterstor 49
Pier 37 95
P+R 110
Predigerkirche 82
Presseklub 107
Puppenbühne im Waidspeicher 107
Puppenstubenmuseum 78
Puppentheater Erfreuliches Theater 107

R
Radisson Blu Erfurt 88
Rathaus 11, **20,** 53
Ratskeller 21
Re_4Hostel 87
Reformation 7, **60**
Reformationsjahr 2017 60
Reglerkirche 83
Reichart, Christian 71
Reisen mit Handicap 80, 111, 113
Restaurant Zumnorde 97
Restaurant zum Rebstock 97
Rettungsdienst 111

S
Schirrmeisterhaus 51
Schloss Molsdorf 79
Schmetterlingshaus 75
Schnitzler 97
Segway (Stadtführung) 113
Severikirche 10, 41
Sicherheit 111
SiJu 22
Souvenirs 102
Sparkassengebäude 22
Stadtbahn 111
Stadtbus 112
Stadtführungen 113
Stadtgarten 107
Stadtmuseum Erfurt 61

Stadtpark 85
StageClub 109
Stasi 52
Stasi-Untersuchungsgefängnis 53
Staudengarten 75
Steakhouse Palais 96
Sternwarte **75,** 76
Stilleben 102
St. Severi 44
Sui Generis – der Absinthladen 101

T
Tageszeitungen 105
Tanzen 108
Theater Erfurt 10, 47, **108**
Theater im Palais 108
ThüringenCard 111
Thüringer Tourismus Gesellschaft 102
Ticketvorverkauf (Events, Konzerte) 104
Tickets (ÖPNV) 112
Till Eulenspiegel 101
Tischlein deck dich! 101
Tolles Jahr von Erfurt 35
Tourist Information Thüringen 111
Touristeninformation in Erfurt 102, **110**
Trattoria la Grappa 94

U
Übernachten 86
Übernachtungspreise 86
Übersee 91
Umweltfreundliches Reisen 111
UNESCO-Welterbe 27
Uni Bibliothek 34
Unionsparlament 58
Untere Kaserne 51
Unterkünfte 86
Ursulinenkloster 66
Ute Wolff-Brinckmann 103

V
Venedig 85
Veranstaltungskalender 105

Register

Veranstaltungsprogramme 105
Via Regia 22
Villa Haage 97
Vom Fass 100

W
Waid 31, 33
Waidspeicher 33, 107
Waldhaus **40,** 95
Waldkasino **40,** 95
Wasserburg Kapellendorf 63
Wenigemarkt 90
Willy B. 105
Wirtshaus Schildchen 97
Wochenmarkt 100
Woodstock 99

Z
Zitadelle Petersberg 10, **48,** 81
Zughafen 4
Zum Goldenen Schwan 32
Zum Wenigemarkt 13 95
Zur hohen Lilie 46

Das Klima im Blick
Reisen bereichert und verbindet Menschen und Kulturen. Wer reist, erzeugt auch CO_2. Der Flugverkehr trägt mit bis zu 10 % zur globalen Erwärmung bei. Wer das Klima schützen will, sollte sich – wenn möglich – für eine schonendere Reiseform entscheiden oder die Projekte von atmosfair unterstützen. Flugpassagiere spenden einen kilometerabhängigen Beitrag für die von ihnen verursachten Emissionen und finanzieren damit Projekte in Entwicklungsländern, die dort den Ausstoß von Klimagasen verringern helfen (www.atmosfair.de). Auch die Mitarbeiter des DuMont Reiseverlags fliegen mit atmosfair!

Abbildungsnachweis | Impressum

Abbildungsnachweis
Fotolia, New York (USA): S. 8/9 (Jonathan); 85 (Makuba)
Getty Images, München: S. 14/15 (Dieterich); 104 (Diemert); 110 (ollo); 81 (Vujicic); 41 (www.galerie-ef.de)
iStock.com, Calgary (Kanada): S. 102 (aprott); 71 (Schulze)
Laif, Köln: S. 83 (Babovic); 7, 23, 51 (Butzmann); 45, 65 o., 120/4 (Glaescher); 94 (Hoffmann); 12/13, Umschlagklappe hinten (Jaeger); 34 (Jehnichen); 72 (Jonkmanns); 24, 48, 99, 106 (Lengler); 98 (Zahn)
Look, München: S. 90 (Schultheiß)
Mauritius, Mittenwald: S. 92 (age fotostock/Domingo Leiva Nicolas); 109 (Alamy/Ros Drinkwater); 112 (Alamy/Naum Cahyer); 64 (Alamy/United Archives); 60 (imagebroker/hwo); Titelbild, Faltplan, 69, 93 (Novarc/Szyszka); 63 (Vitting)
picture-alliance, Frankfurt a. M.: S. 74, 77 (airfoto UG); 44 (akg-images); 120/3 (Arco Images/Schickert); 32 (blickwinkel/Kottmann); 4 u. (dpa/Deck); 16/17 (dpa/lth/Reichel); 66, 73 (Hirschberger); 38 (Kahnert); 80 (Reichel); 39, 105 (Schleep); 100 (Schmidt); 27, 30 o., 52, 55, 56, 57, 68, 78/79, 82, 86, 89, 103, 107, 108, 120/7 (Schutt); 31 (Wiedl); 43 (Woitas)
Ulrich Seidel, Erfurt: Umschlagklappe vorn, S. 37, 59, 61, 113, 120/5, 120/6, 120/9
Shutterstock, New York (USA): S. 28 (Anton_Ivanov); 4 o. (Dzyuba); 20 (LaMiaFotografia)
Stadtarchiv Erfurt, Erfurt: S. 120/1, 120/2, 120/8
Guido Werner, Weimar: S. 96
Zeichnungen S. 2, 11, 21, 30, 46, 50, 58, 65: Gerald Konopik, Fürstenfeldbruck
Zeichnung S. 5: Antonia Selzer, Stuttgart

Kartografie
DuMont Reisekartografie, Fürstenfeldbruck
© DuMont Reiseverlag, Ostfildern

Umschlagfotos
Titelbild: Blick auf Dom (Rückseite), St. Severin und Allerheiligenkirche
Umschlagklappe hinten: Die Gera bei der Krämerbrücke

Hinweis: Autor und Verlag haben alle Informationen mit größtmöglicher Sorgfalt geprüft. Gleichwohl sind Fehler nicht vollständig auszuschließen. Alle Angaben erfolgen ohne Gewähr. Bitte schreiben Sie uns! Über Ihre Rückmeldung zum Buch und Verbesserungsvorschläge freuen sich Autor und Verlag:
DuMont Reiseverlag, Postfach 3151, 73751 Ostfildern,
info@dumontreise.de, www.dumontreise.de

1. Auflage 2018
© DuMont Reiseverlag, Ostfildern
Alle Rechte vorbehalten
Autor: Ulrich Seidel
Redaktion/Lektorat: Doreen Reeck
Bildredaktion: Nadja Gebhardt
Grafisches Konzept: Eggers+Diaper, Potsdam
Printed in China

Kennen Sie die?

9 von 210 271 Erfurtern

Bonifatius
Der Heilige holte Erfurt aus dem Dunkel der Geschichte: Er bat im Jahr 742 um die Bestätigung eines hier errichteten Bischofssitzes – die erste urkundliche Erwähnung Erfurts.

Amalia Pachelbel
Die Tochter des Komponisten Johann Pachelbel, 1688 in Erfurt geboren, war Malerin und Kupferstecherin. Außerdem gab sie das erste Näh- und Stickmusterbuch Deutschlands heraus.

Till Eulenspiegel
...soll im 14. Jh. auch in Erfurt seine Späße getrieben haben. Der beste Witz? Die Wette, dass er einem Esel das Lesen beibringen könne. In Erfurt steht ihm zu Ehren ein Denkmal.

Bernd, das Brot
...schaut an der Rathausecke missmutig auf die Passanten. Mit einigen seiner Kollegen aus dem KiKa, dem Kinderkanal von ARD und ZDF, weist er so in der Innenstadt auf den Kindermedienstandort Erfurt hin.

Ernst August Zimmermann
(Kunst-)Drucker-Legende und Kulturpreisträger. Was Künstler entwarfen, brachte Zimmermann in seiner Grafik- und Kunstdruckerei auf Papier. Seine Werkstatt ist im Druckereimuseum zu sehen.

Brückenkater Franz
Seit vielen Jahren lebt Kater Franz auf der Krämerbrücke und es ist ein wenig so wie beim Dalai Lama – einen Nachfolger wird es immer wieder geben. Franz der wievielte? Das kann niemand sagen.

Erfurter Puffbohne
In alten Zeiten bauten sehr viele Erfurter Puffbohnen in ihren Gärten an. Bald nannten Ortsfremde auch die Einwohner der Stadt ›Puffbohnen‹ – bis heute.

Sidonia Hedwig Zäunemann
Die Dichterin konnte von ihrer Kunst leben und war die deutschlandweit zweite Frau, die 1738 den Titel *Poeta laureata* erhielt.

Jürgen Kerth
»Ich brauch' meinen Dom!« lehnte Kulturpreisträger (1999) und Blues-Legende das Angebot ab, nach Berlin überzusiedeln.